Parabéns! A Coleção Akpalô tem um conteúdo digital completo e exclusivo esperando por você!

Para utilizar todos os recursos digitais da coleção, acesse o portal:
www.editoradobrasil.com.br/akpalo

Cadastre-se no portal e aproveite o conteúdo exclusivo!

1º - **Entre em Acesso ao conteúdo restrito**, clique em Cadastre-se e escolha a opção Aluno.

2º - **Digite o código de acesso**:

6446298A8844149

Você pode digitar todos os códigos que tiver! 😉

3º - **Preencha o cadastro** com suas informações.

Viu como é fácil? Acesse e transforme seus estudos em uma experiência única de aprendizado.

1º ano

Marita Leite Sant'Anna

AKPALÔ

Língua Portuguesa

AKPALÔ
Palavra de origem africana que significa "contador de histórias, aquele que guarda e transmite a memória do seu povo"

Editora do Brasil

Dados Internacionais de Catalogação na Publicação (CIP)
(Câmara Brasileira do Livro, SP, Brasil)

> Sant'Anna, Marita Leite
> Akpalô língua portuguesa, 1º ano / Marita Leite Sant'Anna. – 3. ed. – São Paulo : Editora do Brasil, 2015. – (Coleção akpalô)
>
> Bibliografia.
> ISBN 978-85-10-06046-2 (aluno)
> ISBN 978-85-10-06047-9 (professor)
>
> 1. Português (Ensino fundamental) I. Título. II. Série.
>
> 15-06958   CDD-372.6

Índices para catálogo sistemático:
1. Português: Ensino fundamental   372.6

© Editora do Brasil S.A., 2015
Todos os direitos reservados

Direção geral: Vicente Tortamano Avanso
Direção adjunta: Maria Lucia Kerr Cavalcante de Queiroz

Direção editorial: Cibele Mendes Curto Santos
Gerência editorial: Felipe Ramos Poletti
Supervisão editorial: Erika Caldin
Supervisão de arte, editoração e produção digital: Adelaide Carolina Cerutti
Supervisão de direitos autorais: Marilisa Bertolone Mendes
Supervisão de controle de processos editoriais: Marta Dias Portero
Supervisão de revisão: Dora Helena Feres
Consultoria de iconografia: Tempo Composto Col. de Dados Ltda.

Coordenação editorial: Paulo Roberto Ribeiro
Coordenação pedagógica: Josiane Sanson
Edição: Camila Gutierrez e Grazielle Veiga
Assistência editorial: Felipe Rodovalho Benini, Gabriel Madeira e Raquel Costa
Auxílio editorial: Marilda Pessota
Coordenação de revisão: Otacilio Palareti
Copidesque: Gisélia Costa, Ricardo Liberal e Sylmara Beletti
Revisão: Alexandra Resende, Ana Carla Ximenes, Andréia Andrade, Elaine Fares e Maria Alice Gonçalves
Pesquisa iconográfica: Elena Ribeiro e Camila Lago
Coordenação de arte: Maria Aparecida Alves
Assistência de arte: Samira de Souza
Design gráfico: Estúdio Sintonia
Capa: Maria Aparecida Alves
Imagem de capa: Rosinha
Ilustrações: Alberto di Stefano, Avalone, Brambilla, Bruna Ishihara, Camila Sampaio, Clarissa França, Daniel Klein, Danilo Dourado, Diego Munhoz, Eduardo Belmiro, Elder Galvão, Erik Malagrino, Fabio Sgroi, Henrique Brum, Imaginario Studio, Jorge Zaiba, Jótah, Marco de Mello, Marcos Machado, Paulo Ramos Neto e Waldomiro Neto
Produção cartográfica: DAE (Departamento de Arte e Editoração) e Studio Caparroz
Coordenação de editoração eletrônica: Abdonildo José de Lima Santos
Editoração eletrônica: Adriana Tami, Gabriela César, Gilvan Alves da Silva, José Anderson Campos, Sérgio Rocha e Wlamir Miasiro
Licenciamentos de textos: Renata Garbellini e Jennifer Xavier
Coordenação de produção CPE: Leila P. Jungstedt
Controle de processos editoriais: Beatriz Villanueva, Bruna Alves, Carlos Nunes e Rafael Machado

3ª edição / 2ª impressão, 2017
Impresso na São Francisco Gráfica e Editora

Editora do Brasil

Rua Conselheiro Nébias, 887 – São Paulo/SP – CEP 01203-001
Fone: (11) 3226-0211 – Fax: (11) 3222-5583
www.editoradobrasil.com.br

Querido aluno,

A leitura e a escrita são importantes não apenas para que você desempenhe suas funções na escola. Você já observou, por exemplo, que há textos por onde quer que vá? São anúncios, placas de rua, jornais, revistas, folhetos, propagandas, comprovantes de pagamento de contas, jogos, livros e uma infinidade de textos que transmitem diferentes mensagens.

Este livro foi desenvolvido para que você aprenda a ler e a escrever e, assim, possa interagir ativamente no mundo comunicando suas ideias, emoções e descobertas. Você encontrará nele textos variados, acompanhados por atividades e desafios que o farão refletir e trocar ideias com os colegas, compartilhando conhecimentos.

Nosso desejo é que este livro não somente seja uma ferramenta para ajudá-lo a ler e escrever melhor, mas que também o prepare para conquistar muitos sonhos e conhecer um pouquinho melhor esta grande aventura que é… viver.

Esperamos que você goste!

Conheça a autora

Marita Leite Sant'Anna

- Graduada em Língua e Literatura Portuguesa
- Especialista em Alfabetização e Educação Infantil
- Especialista em Saúde Mental e Desenvolvimento Infantojuvenil
- Especialista em Educação Especial
- Especialista em Orientação Educacional
- Professora do Ensino Fundamental e do Ensino Médio

Conheça seu livro

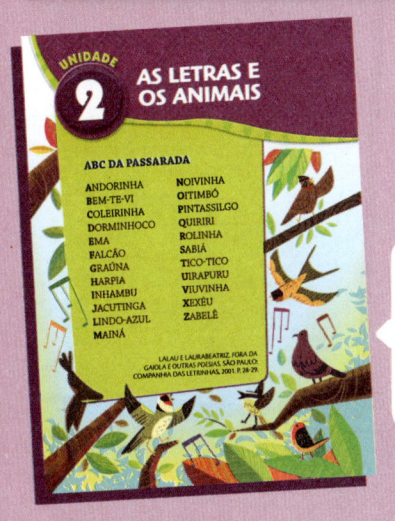

Diálogo inicial: textos, imagens e questões que introduzem o tema do capítulo.

Abertura de unidade: as aberturas sempre trazem um pequeno texto especialmente selecionado para apresentar o tema da unidade.

Ler e escrever para...: a cada seção desse tipo, você conhece um gênero textual (como bilhete, carta, notícia etc.) e as características e finalidades de cada um.

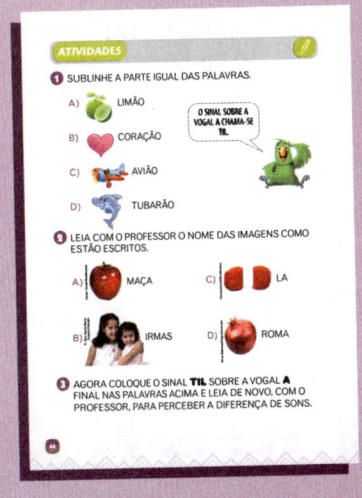

Atividades: variadas, as atividades ajudam você a apreender os conteúdos estudados.

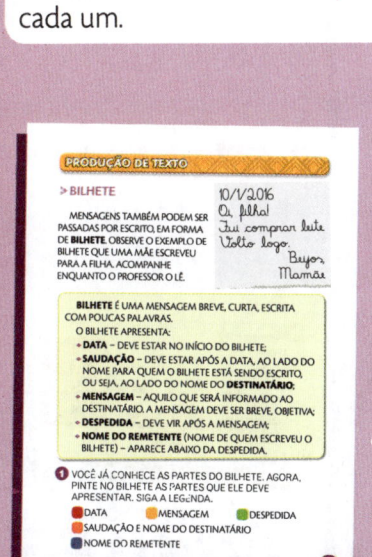

Produção (oral, de texto...): nessa seção propõem-se temas, e você produzirá as próprias criações, que podem ser em forma de textos, apresentações orais ou desenhos.

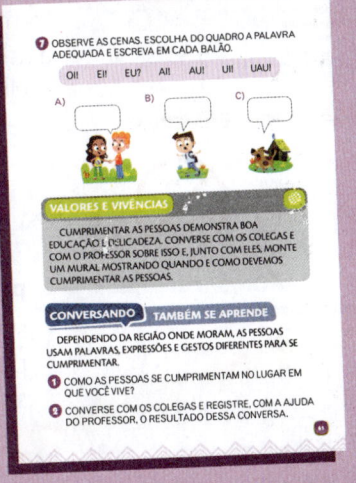

Conversando também se aprende: nessa seção você e os colegas responderão em voz alta a questões sobre diversos assuntos, interagindo com o professor e entre si mesmos.

Brincar e aprender: atividades divertidas que abordam conteúdos vistos no capítulo.

Vocabulário: aparece ao lado ou ao final dos textos, trazendo o significado de algumas palavras.

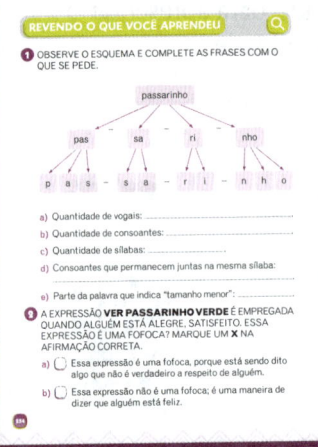

Revendo o que você aprendeu: atividades para revisar os conteúdos explorados no capítulo e assimilar melhor o que estudou.

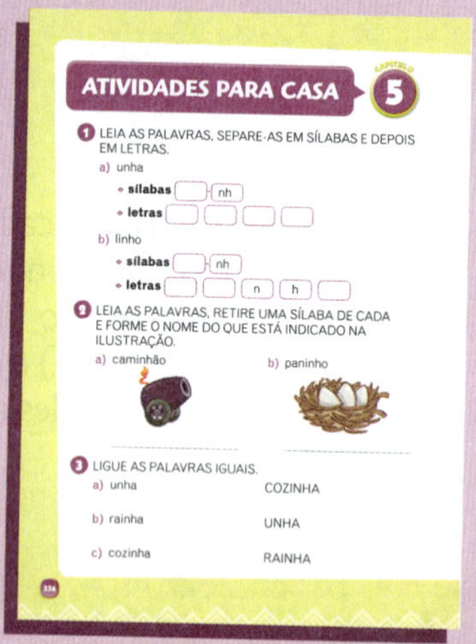

Atividades para casa: no final do livro você encontra atividades para fazer em casa, relacionadas a cada capítulo.

Valores e vivências: textos sobre saúde, meio ambiente, ética e formação cidadã para ajudá-lo a compreender melhor o mundo onde vivemos.

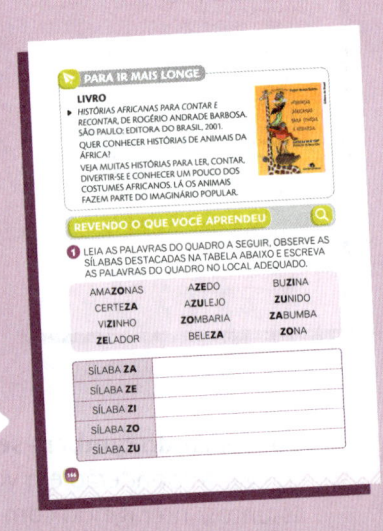

Para ir mais longe: quadros com sugestões de livros, filmes e sites que poderão enriquecer seu repertório sobre algum assunto estudado.

Sumário

UNIDADE 1 – As letras e os nomes 13

Capítulo 1 – Nossa turma e o nome de cada um 14
Atividades 15
Ler e escrever para... – Recitar 16
   Poema do livro *Duas dúzias de coisinhas à toa que deixam a gente feliz*, de Otávio Roth
Atividades 18
Ler e escrever para... – Saber como se faz 19
Conversando também se aprende 21
Produção de texto – Lista 21
Revendo o que você aprendeu 22

Capítulo 2 – Ler e escrever servem para quê? 23
Atividades 24
Produção de texto – Placa 27
Revendo o que você aprendeu 28

Capítulo 3 – O alfabeto 29
   O alfabeto 30
Atividades 32
Brincar e aprender 33
Ler e escrever para... – Recitar e brincar 34
   Quadrinha "Lá vem do céu"
Atividades 35
Caligrafia 37
Revendo o que você aprendeu 38

Capítulo 4 – As vogais nas palavras 39
Ler e escrever para... – Recitar 40
   Poema "Rimas malucas", de Elias José
Atividades 41
Produção de texto – Poema 44
Produção oral – Procedimentos para a recitação 45

Brincar e aprender 46
Ler e escrever para... – Contar 46
   Fábula "A raposa e as uvas", de Esopo, por Ruth Rocha 47
Produção de texto – Reconto e reescrita 49
Revendo o que você aprendeu 51

Capítulo 5 – Encontros vocálicos 52
Ler e escrever para... – Recitar 53
   Poema "Batatinha aprende a latir", de Sérgio Caparelli
Ler e escrever para... – Brincar 56
   Parlenda "Lá em cima do piano"
Atividades 57
   Encontros vocálicos 57
   Sílabas 59
Conversando também se aprende 61
Produção de texto – Manual 62
Revendo o que você aprendeu 62

Capítulo 6 – Til (~) 63
Ler e escrever para... – Recitar 64
   Poema "Pai Francisco", de Sylvia Orthof
Atividades 66
Produção de texto – Reordenar poema 68
Ler e escrever para... – Informar 69
   Texto informativo sobre o pássaro azulão, do *site* Aves catarinenses
Brincar e aprender 71
Revendo o que você aprendeu 72

Unidade 2 – As letras e os animais 73

Capítulo 1 – Papagaio 74
Ler e escrever para... – Recitar 75
   Parlenda "Papagaio louro"

Ler e escrever para... – Conta e fantasiar 76
   Lenda do livro *Cordelendas: Histórias indígenas em cordel*, de César Obeid
Produção oral 78
Atividades 78
Conversando também se aprende 80
Produção de texto – Bilhete 81
Revendo o que você aprendeu 82

Capítulo 2 – Macaco 83
Ler e escrever para... – Recitar e brincar 84
   Parlenda "Meio-dia macaco assobia"
Atividades 84
Produção de texto – Reescrita de parlenda 86
Brincar e aprender 86
Revendo o que você aprendeu 87

Capítulo 3 – Vaca 88
Ler e escrever para... – Recitar 89
   "Poema pra boi dormir", de Almir Correia
Atividades 90
Conversando também se aprende 91
Brincar e aprender 92
Revendo o que você aprendeu 93

Capítulo 4 – Dinossauro 94
Ler e escrever para... – Se divertir 95
   Tira "Horácio", de Mauricio de Sousa
Conversando também se aprende 97
Atividades 97
Produção de texto – Texto informativo 99
Revendo o que você aprendeu 100

Capítulo 5 – Naja 101
Ler e escrever para... – Informar 102
   Texto informativo "Naja", do *site* Klick Educação
Atividades 105
Produção de texto – Tira 107
   Tira da Turma da Mônica, de Mauricio de Sousa
Revendo o que você aprendeu 107

Capítulo 6 – Rato 108
Ler e escrever para... – Brincar 109
   Trava-língua "O rato roeu a roupa"
Atividades 111
Brincar e aprender 114
Revendo o que você aprendeu 114

Capítulo 7 – Sapo 115
Ler e escrever para... – Cantar 116
   Cantiga "O sapo não lava o pé"
Atividades 117
Produção de texto – Frase 118
Revendo o que você aprendeu 118

Capítulo 8 – Tartaruga 119
Ler e escrever para... – Contar 120
   Fábula "A tartaruga e a lebre", de Esopo
Atividades 121
Brincar e aprender 122
Produção de texto – Legenda 122
Revendo o que você aprendeu 123

Capítulo 9 – Baleia 124
Ler e escrever para... – Informar 125
   Texto "Você sabia que...", do *Site* de curiosidades
Atividades 126
Ler e escrever para... – Saber como se faz 128
Produção de texto – Texto informativo 129
Brincar e aprender 130
Revendo o que você aprendeu 130

Capítulo 10 – Leão 131
Ler e escrever para... – Cantar 132
   Poema "O Leão", de Vinicius de Moraes
Atividades 133
Produção de texto – Reordenar poema 134
Revendo o que você aprendeu 135

Capítulo 11 – Cutia 136
Ler e escrever para... – Brincar 137
   Parlenda "Corre cutia"
Atividades 138
Produção de texto – Completar texto informativo 139
Revendo o que você aprendeu 139

Capítulo 12 – Foca 140

Ler e escrever para... – Recitar e cantar..................141
  Poema "A Foca", de Vinicius de Moraes
Atividades..142
Produção de texto – Texto instrucional..................144
Revendo o que você aprendeu..................145

Capítulo 13 – Jacaré 146
Ler e escrever para... – Brincar..................147
  Cantiga "Jacaré foi ao mercado"
Atividades..150
Ler e escrever para – Fazer compras..................152
  Folheto de supermercado
Brincar e aprender..................................154
Revendo o que você aprendeu..................155

Capítulo 14 – Gato..................... 156
Ler e escrever para... – Recitar..................157
  Poema "O gato e a pulga", de Ferreira Gullar
Atividades..159
Produção de texto – Balão de fala..................161
Revendo o que você aprendeu..................161

Capítulo 15 – Zebra 162
Ler e escrever para... – Recitar..................163
  Poema "Boa noite", de Sidónio Muralha
Atividades..164
Produção de texto – Lista..................165
Revendo o que você aprendeu..................166

Capítulo 16 – Peixe 167
Ler e escrever para... – Cantar..................168
  Cantiga "Peixinho no aquário"
Atividades..168
Brincar e aprender..................................171
Revendo o que você aprendeu..................171

Capítulo 17 – Hipopótamo 172
Ler e escrever para... – Informar..................173
  Reportagem – "Filhote de hipopótamo no zoo de Curitiba ganha nome: Glória", do *site* Gazeta do Povo
Atividades..175
Ler e escrever para... – Convidar..................177
Produção de texto – Convite..................178

Revendo o que você aprendeu..................178

Capítulo 18 – Periquito.................. 179
Ler e escrever para... – Brincar..................180
  Parlenda "Papagaio come milho"
Conversando também se aprende..................180
Atividades..181
Brincar e aprender..................................182
Produção de texto – Frase..................182
Revendo o que você aprendeu..................183

Capítulo 19 – *Kiwi* 184
Ler e escrever para... – Brincar..................185
  Poemas do livro *ABC do trava-língua*, de Rosinha
Atividades..186
Ler e escrever para... – Saber como se faz..................187
  Receita de suco da Wendi
Revendo o que você aprendeu..................188

Unidade 3 – Mais palavras e outros animais 189

Capítulo 1 – Cegonha.................... 190
Ler e escrever para... – Contar..................191
  Fábula "A cegonha e a raposa", de Esopo, por Ruth Rocha
Atividades..193
Produção de texto – Reescrita de fábula..................195
Revendo o que você aprendeu..................196

Capítulo 2 – Girafa........................ 197
Ler e escrever para... – Recitar..................198
  Poema "Presente", de Sidónio Muralha
Atividades..199
Ler e escrever para... – Informar..................201
Produção de texto – Reescrita de texto informativo..................201
Revendo o que você aprendeu..................202

Capítulo 3 – Barata 203
Ler e escrever para... – Brincar 204
  Cantiga "Eu vi uma barata"
Atividades 205
Produção de texto – Reescrita de cantiga 207
Revendo o que você aprendeu 207

Capítulo 4 – Cachorro 208
Ler e escrever para... – Recitar 209
  Poema "A cachorrinha", de Vinicius de Moraes
Brincar e aprender 211
Atividades 212
Produção de texto – Reconto da Tira "Magali", de Mauricio de Sousa 213
Revendo o que você aprendeu 214

Capítulo 5 – Galinha 215
Conversando também se aprende 216
Ler e escrever para... – Recitar 216
  Poema "Espalhafato", de Elias José
Atividades 217
Produção de texto – Reescrita de poema 219
Brincar e aprender 219
Revendo o que você aprendeu 220

Capítulo 6 – Anta 221
Ler e escrever para... – Informar 222
  Texto "A anta", do site Proanta
Atividades 223
Ler e escrever para... – Contar 225
  Poema "A festa na floresta", de Ciça
Produção de texto – Lista e convite 226
Revendo o que você aprendeu 226

Capítulo 7 – Pombo 227
Ler e escrever para... – Brincar 228
  Cantiga "Pombinha branca"
Atividades 229
Produção de texto – Reescrita de cantiga 231
Revendo o que você aprendeu 231

Capítulo 8 – Quati 232
Ler e escrever para... – Informar 233
  Texto informativo "Quati", do site Saúde animal
Atividades 234
Produção de texto – Continuação do poema "A zabumba do quati", de Ana Maria Machado 235
Revendo o que você aprendeu 235

Capítulo 9 – Coelho 236
Ler e escrever para... – Cantar 237
  Cantiga "O coelhinho"
Conversando também se aprende 238
Atividades 238
Brincar e aprender 239
Ler e escrever para... – Contar 240
Produção de texto – Reescrita de história 240
Brincar e aprender 241
Revendo o que você aprendeu 241

Capítulo 10 – Besouro 242
Ler e escrever para... – Informar 243
  Texto "Besouro gigante", de Lalau e Laurabeatriz
Atividades 244
Ler e escrever para... – Contar recitando 246
  Poema "A casa de Dona Rata", de Sérgio Capparelli
Produção de texto – Lista 247

Capítulo 11 – Passarinho 248
Ler e escrever para... – Recitar 249
  Poema "Passarinho fofoqueiro", de José Paulo Paes
Atividades 250
Produção de texto – Completar texto ficcional ... 252
Atividades 252
  Tira "Magali", de Mauricio de Sousa 252
  Poema "O relógio", de Vinicius de Moraes 253
Revendo o que você aprendeu 254

Capítulo 12 – Caracol 255
Ler e escrever para... – Recitar 256
  Poema "O caracol", de Marciano Vasques Pereira
Atividades 257
Ler e escrever para... – Contar 258

Trecho do livro *O segredo do rei*, de Carmem Berenguer

Produção de texto – Continuação de história.....259
Brincar e aprender..259
Revendo o que você aprendeu..........................260

Capítulo 13 – Garça 261
Ler e escrever para... – Contar histórias...................262
  Texto do livro *A história da garça encantada*, de Rosinha
Atividades..262
Brincar e aprender..263
Revendo o que você aprendeu..........................264

Capítulo 14 – Caranguejo.............. 265
Conversando também se aprende 266
Ler e escrever para... – Brincar..........................266
  Adivinha
Atividades..267
Ler e escrever para... – Se divertir....................269
  HQ da Turma da Mônica, de Mauricio de Sousa
Produção de texto – Orientações.........................270
Revendo o que você aprendeu..........................271

Capítulo 15 – Chimpanzé 272
Conversando também se aprende 273
Ler e escrever para... – Informar........................273
  Texto 1 – Texto informativo – "Você sabia?", do *site* Ciência Hoje das Crianças
  Texto 2 – Reportagem – "Zoo dos EUA exibe amizade incomum entre chimpanzé e lince", do *site* Terra
Atividades..275
Revendo o que você aprendeu..........................276

Capítulo 16 – Borboleta 277
Atividades..278
Ler e escrever para... – Recitar..........................278
  Poema "As borboletas", de Vinicius de Moraes
Atividades..280
  Texto "A oficina das borboletas", de Gioconda Belli
Ler e escrever para... – Contar..........................282
Produção de texto – Novo final de história 283

Capítulo 17 – Esquilo 284
Ler e escrever para... – Contar..........................285
  Poema do livro *O esquilo esquisito*, de Regina Siguemoto
Atividades..286
Ler e escrever para... – Entrevistar....................289
  Entrevista – "*A era do gelo 4*: leia a entrevista com o personagem e saiba tudo sobre o filme", da revista Recreio
Produção de texto – Entrevista..........................291
Brincar e aprender..292
Revendo o que você aprendeu..........................292

Capítulo 18 – Avestruz
Ler e escrever para... – Informar........................294
  Texto informativo – "O avestruz é a maior ave do mundo, só que não voa! Veja algumas curiosidades sobre o bicho", do *site* Recreio
Atividades..295
Produção de texto – Texto informativo..............297
Revendo o que você aprendeu..........................297

Capítulo 19 – Flamingo.................. 299
Ler e escrever para... – Se informar..................300
  Texto informativo – "O flamingo nasce branco e fica rosado por causa do que come", do *site* Recreio
Atividades..301
Brincar e aprender..303
Produção de texto – Quadrinhas........................304
Revendo o que você aprendeu..........................305

Capítulo 20 – Tigre 306
Atividades..307
Ler e escrever para... – Brincar..........................309
  Texto 1 – Poema "Grilo grilado", de Elias José
  Texto 2 – Trecho do livro *ABC do trava-língua*, de Rosinha....................................310
Revendo o que você aprendeu..........................311

Atividades para casa 312

OI, EU SOU O PAPI. NESTE ANO, VOU ACOMPANHAR VOCÊ NESTA ETAPA DE APRENDER A LER E ESCREVER.

NO AMBIENTE ONDE VIVO, EXISTEM MUITOS ANIMAIS DIFERENTES.

DURANTE ESTE ANO, VOCÊ CONHECERÁ ALGUNS DELES.

TENHA UM ANO BEM ALEGRE E DIVERTIDO!

UNIDADE 1
AS LETRAS E OS NOMES

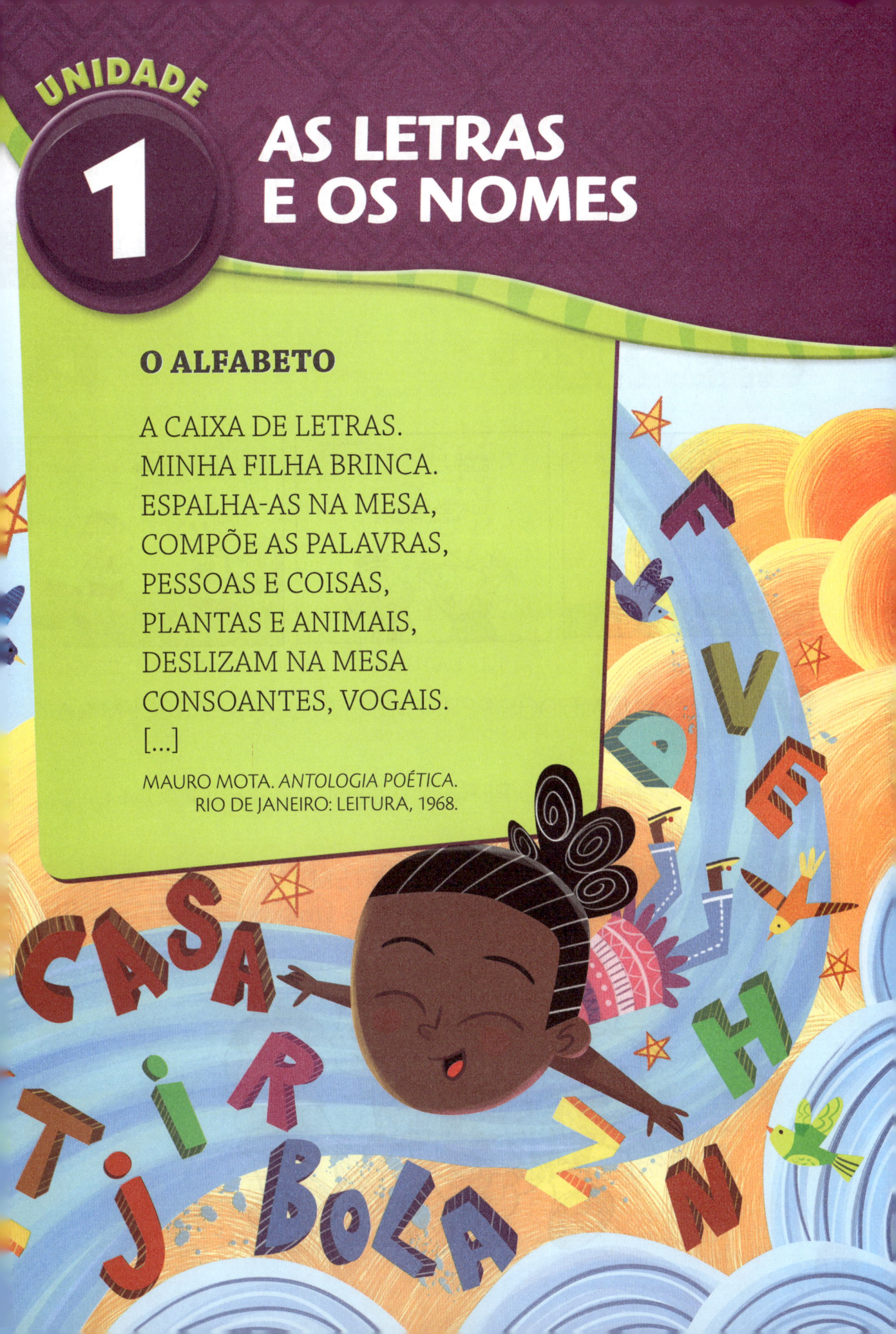

O ALFABETO

A CAIXA DE LETRAS.
MINHA FILHA BRINCA.
ESPALHA-AS NA MESA,
COMPÕE AS PALAVRAS,
PESSOAS E COISAS,
PLANTAS E ANIMAIS,
DESLIZAM NA MESA
CONSOANTES, VOGAIS.
[...]

MAURO MOTA. *ANTOLOGIA POÉTICA*. RIO DE JANEIRO: LEITURA, 1968.

CAPÍTULO 1
NOSSA TURMA E O NOME DE CADA UM

DIÁLOGO INICIAL

(Tira em três quadros da Turma da Mônica)

Quadro 1:
— VOCÊ SABE O QUE É BOM PRA ACABAR COM SOLUÇOS, CASCÃO?
— IC! IC! IC!

Quadro 2:
— LEVAR UM SUSTO...
— ...OU BEBER UM COPO D'ÁGUA BEM CHEIO!!

Quadro 3:
— VIU? PASSOU!

FIM

TIRA DA TURMA DA MÔNICA, DE MAURICIO DE SOUSA.

1 QUAL É O NOME DOS PERSONGENS QUE APARECEM NA TIRINHA?

2 QUAL É O NOME DO PERSONAGEM QUE LEVOU UM SUSTO?

3 OS PERSONAGENS DA TIRINHA TÊM VÁRIOS AMIGOS. VOCÊ SABE O NOME DAS AMIGAS DELES QUE APARECEM NA IMAGEM A SEGUIR?

ATIVIDADES

1 QUANTOS ANOS VOCÊ TEM? PINTE O QUADRINHO COM SUA IDADE.

5	6	7	8	9

AGORA QUERO CONHECER VOCÊ E VER O QUE JÁ SABE.

2 O QUE VOCÊ PINTOU ACIMA É:

A) ☐ UMA LETRA.   B) ☐ UM NÚMERO.

3 RESPONDA ORALMENTE: DO QUE VOCÊ GOSTA DE BRINCAR?

4 ESCREVA CADA LETRA DE SEU NOME EM UM QUADRINHO.

1	2	3	4	5	6	7	8	9	10	11	12

5 OBSERVE O NÚMERO ABAIXO DO ÚLTIMO QUADRINHO QUE VOCÊ PREENCHEU. VEJA O EXEMPLO:

P	A	P	I								
1	2	3	4	5	6	7	8	9	10	11	12

PAPI TEM 4 LETRAS.

◆ AGORA RESPONDA: QUANTAS LETRAS TEM SEU NOME?

O QUE DEIXA VOCÊ FELIZ? SERIAM ALGUMAS DAS COISAS DO POEMA A SEGUIR? RESPONDA ORALMENTE DEPOIS DA LEITURA.

LER E ESCREVER PARA...

RECITAR

1 LEIA COM O PROFESSOR.

PASSARINHO NA JANELA,
PIJAMA DE FLANELA,
BRIGADEIRO NA PANELA.

GATO ANDANDO NO TELHADO,
CHEIRINHO DE MATO MOLHADO,
DISCO ANTIGO SEM CHIADO.

OTÁVIO ROTH. *DUAS DÚZIAS DE COISINHAS À TOA QUE DEIXAM A GENTE FELIZ*. SÃO PAULO: ÁTICA, 1997.

VOCABULÁRIO

CHIADO: BARULHO, RUÍDO.
FLANELA: TIPO DE TECIDO QUE AQUECE.

OS **POEMAS** PODEM SER RECITADOS. NELES, MUITAS VEZES AS PALAVRAS RIMAM. ELES CAUSAM EMOÇÃO NO LEITOR, MAS TAMBÉM O FAZEM PENSAR. CADA LINHA DO POEMA É CHAMADA VERSO.

JANELA

FLANELA

PANELA

> AS PALAVRAS RIMAM QUANDO TÊM SOM IGUAL OU PARECIDO NO MEIO OU NO FINAL DELAS.

PARA IR MAIS LONGE

LIVRO

- *DUAS DÚZIAS DE COISINHAS À TOA QUE DEIXAM A GENTE FELIZ*, DE OTÁVIO ROTH.
SÃO PAULO: ÁTICA, 1997.

FRASES CURTAS ILUSTRADAS REVELAM, A CADA PÁGINA, COISAS DOCES E DIVERTIDAS DO NOSSO DIA A DIA.

ATIVIDADES

1 A PALAVRA **FLANELA** RIMA COM... OBSERVE AS FOTOGRAFIAS E MARQUE COM **X** AQUELA CUJO NOME RIMA COM **FLANELA**.

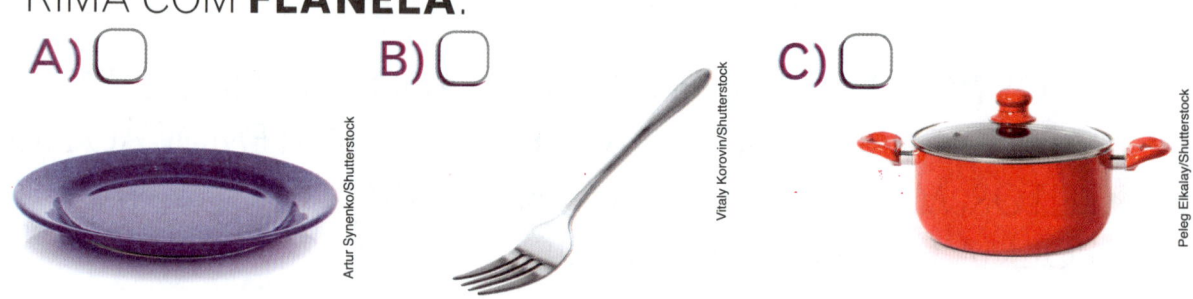

A) ☐   B) ☐   C) ☐

2 COM O PROFESSOR, LEIA E COMPLETE OS VERSOS COM UMA RIMA.

PASSARINHO NA JANELA,

PIPOCA NA _____!

3 QUANTOS VERSOS VOCÊ LEU COM O PROFESSOR?

1	2	3	4	5	6	7	8	9	10	11	12

4 DESENHE O QUE DEIXA VOCÊ FELIZ.

LER E ESCREVER PARA...

SABER COMO SE FAZ

PARA QUE SEUS COLEGAS SE LEMBREM DE SEU NOME, MONTE UMA PLACA E COLOQUE-A SOBRE SUA MESA.

1 LEIA OS PROCEDIMENTOS A SEGUIR COM O PROFESSOR PARA SABER COMO SE MONTA A PLACA.

1. DOBRE METADE DE UMA FOLHA DE PAPEL-OFÍCIO AO MEIO.

2. DESENHE, EM VERMELHO, UMA BOLINHA DO LADO ESQUERDO DO PAPEL.

3. ESCREVA SEU NOME COMEÇANDO NA BOLINHA VERMELHA.

4. COLOQUE A PLACA SOBRE A MESA.

2 APRESENTE-SE AOS COLEGAS PARA QUE ELES POSSAM CONHECÊ-LO.

NA SUA VEZ DE FALAR, LEVANTE-SE, MOSTRE A PLACA E LEIA SEU NOME. DEPOIS DIGA DO QUE VOCÊ GOSTA, DO QUE NÃO GOSTA E SE TEM ALGUM ANIMAL DE ESTIMAÇÃO.

3 OBSERVANDO AS PLACAS, ESCREVA O NOME DE UM COLEGA OU DE UMA COLEGA QUE SE SENTA A SEU LADO.

4 ESCREVA O NOME DO COLEGA OU DA COLEGA QUE SE SENTA A SUA FRENTE.

5 ESCREVA O NOME DO COLEGA OU DA COLEGA QUE SE SENTA ATRÁS DE VOCÊ.

6 EM UMA FOLHA AVULSA, DESENHE SEU ANIMAL PREFERIDO E DÊ O DESENHO DE PRESENTE A UM COLEGA. NO ALTO DA FOLHA, COPIE O MODELO DE ETIQUETA A SEGUIR E PREENCHA-O COM SEU NOME E O NOME DO COLEGA.

MEU ANIMAL PREFERIDO

DE: _____

PARA: _____

CONVERSANDO TAMBÉM SE APRENDE

ANTES DE ENTREGAR O DESENHO, FAÇA UMA APRESENTAÇÃO.

NA SUA VEZ DE SE APRESENTAR, FAÇA O SEGUINTE:

- FIQUE EM PÉ PARA QUE TODOS O VEJAM E MOSTRE SEU DESENHO;
- FALE DE FORMA QUE TODOS O OUÇAM;
- DIGA O NOME DO ANIMAL;
- CONTE TUDO O QUE SABE SOBRE ELE;
- DIGA POR QUE ELE É SEU PREFERIDO.

PRODUÇÃO DE TEXTO

≫ LISTA

1 COM OS COLEGAS, DITEM PARA O PROFESSOR O NOME DOS ANIMAIS DE QUE VOCÊS MAIS GOSTAM, E ELE ESCREVERÁ UMA LISTA COM ESSE NOMES NA LOUSA.

2 DEPOIS COPIE EM SEU CADERNO, EM FORMA DE LISTA, O NOME DOS TRÊS ANIMAIS DE QUE VOCÊ MAIS GOSTA.

3 ILUSTRE-OS EM UMA FOLHA AVULSA.

VOCÊ SABE COMO SE FAZ UMA LISTA?

PARA FAZER UMA **LISTA**, ESCREVEMOS UMA PALAVRA ABAIXO DA OUTRA, UMA EM CADA LINHA. AS LISTAS SÃO ÚTEIS NO DIA A DIA, POIS SERVEM, POR EXEMPLO, PARA AJUDAR A LEMBRAR O QUE COMPRAR NO MERCADO, AS TAREFAS QUE DEVEM SER FEITAS, AS PESSOAS QUE SERÃO CONVIDADAS PARA UMA FESTA ETC.

REVENDO O QUE VOCÊ APRENDEU

1 COM O PROFESSOR, LEIA AS FRASES DO QUADRO E PINTE AS QUE INDICAM O QUE VOCÊ APRENDEU.

LETRAS SÃO DIFERENTES DE NÚMEROS E SÍMBOLOS.
PARA ESCREVER PALAVRAS, COMO NOMES DE PESSOAS, SÃO USADAS AS LETRAS.
OS NOMES PODEM TER QUANTIDADES DIFERENTES DE LETRAS.
EM GERAL OS POEMAS PODEM SER RECITADOS, TÊM RIMAS, CAUSAM EMOÇÃO E TAMBÉM FAZEM PENSAR.
TODOS OS NOMES DE PESSOAS SÃO IGUAIS.
CADA LINHA DO POEMA É CHAMADA DE VERSO.
PARA FAZER UMA LISTA, ESCREVEMOS UMA PALAVRA ABAIXO DA OUTRA.

2 OBSERVE O CALENDÁRIO MOSTRADO PELO PROFESSOR E COMPLETE AS FRASES.

A) HOJE É DIA _____.

B) ONTEM FOI DIA _____.

C) AMANHÃ SERÁ DIA _____.

3 PARA PREENCHER OS ESPAÇOS, VOCÊ USOU SÍMBOLOS, NÚMEROS OU LETRAS?

_____

CAPÍTULO 2
LER E ESCREVER SERVEM PARA QUÊ?

APRENDER A LER E A ESCREVER É MUITO IMPORTANTE!

DIÁLOGO INICIAL

1 OBSERVE A CENA PARA RESPONDER ORALMENTE ÀS QUESTÕES.

2 SE NÃO HOUVESSE NADA ESCRITO NAS PLACAS E NOS LETREIROS DOS ÔNIBUS, O QUE ACONTECERIA?

3 EM SUA OPINIÃO, PARA QUE SERVE APRENDER A LER E A ESCREVER?

ATIVIDADES

1 OBSERVE AS IMAGENS E DIGA PARA QUE SERVE, EM SUA OPINIÃO, LER CADA UM DOS ESCRITOS.

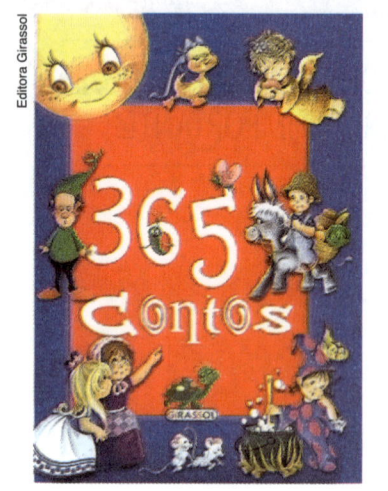

▶ CAPA DE LIVRO.

▶ PRIMEIRA PÁGINA DE JORNAL.

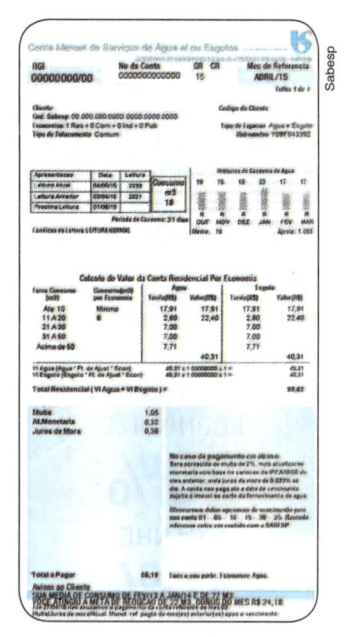

▶ PLACA DE NOME DE RUA.

▶ CONTA DE ÁGUA.

▶ RECEITA.

2 TAMBÉM PODEMOS LER O QUE NÃO TEM PALAVRAS. OBSERVE AS IMAGENS E RESPONDA ORALMENTE:

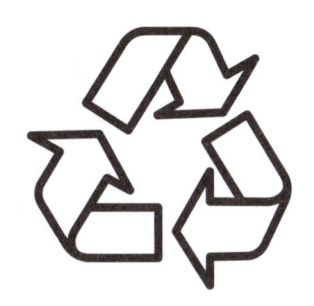

A) QUAIS DESSAS IMAGENS PODEM SER LIDAS?
B) O QUE ELAS QUEREM DIZER?

3 VAMOS VER SE VOCÊ É BOM LEITOR DE SÍMBOLOS.

SE VOCÊ PRECISAR USAR O BANHEIRO DA ESCOLA, POR QUAL PORTA VOCÊ ENTRARÁ? MARQUE UM **X** NA OPÇÃO CORRETA.

4 OBSERVE OS SÍMBOLOS E FAÇA O QUE SE PEDE.

- PINTE AS FRASES QUE INDICAM O QUE AS PLACAS ACIMA INFORMAM.

É PROIBIDO FUMAR.
POR PERTO, HÁ LOCAL PARA COMER.
HÁ ANIMAIS NA PISTA.
É PERMITIDO ESTACIONAR.
É NECESSÁRIO DAR A DESCARGA APÓS USAR O VASO SANITÁRIO.

BAÚ DE INFORMAÇÕES

ATENÇÃO ÀS PLACAS!

AS PLACAS FORNECEM INFORMAÇÕES IMPORTANTES E SÃO ENCONTRADAS EM VÁRIOS LOCAIS, COMO RUAS, ESCOLAS, IGREJAS. NELAS HÁ IMAGENS, CORES E POUCAS PALAVRAS, ÀS VEZES NENHUMA.

VALORES E VIVÊNCIAS

SEGUIR A ORIENTAÇÃO DAS PLACAS É IMPORTANTE PARA VIVER EM SOCIEDADE. TODOS PRECISAM COMPREENDER O QUE AS PLACAS INFORMAM E RESPEITAR A REGRA QUE ELAS INDICAM.

PRODUÇÃO DE TEXTO

▶ PLACA

1. OBSERVE AS PLACAS ESTUDADAS. VERIFIQUE QUE AS PLACAS DE PROIBIÇÃO TÊM SEMPRE UM CÍRCULO VERMELHO COM UMA LINHA, TAMBÉM VERMELHA, PASSANDO SOBRE A IMAGEM.

2. CRIE UMA PLACA PARA A REGRA "É PROIBIDO JOGAR PAPEL NO CHÃO" COMPLETANDO A IMAGEM AO LADO.

REVENDO O QUE VOCÊ APRENDEU

1 LEIA AS PERGUNTAS COM O PROFESSOR E RESPONDA **SIM** OU **NÃO**.

A) SABER LER E ESCREVER É IMPORTANTE PARA NOS COMUNICARMOS?

☐ SIM. ☐ NÃO.

B) OS TEXTOS NÃO SÃO TODOS IGUAIS E CADA UM TEM SUA FINALIDADE?

☐ SIM. ☐ NÃO.

C) SÓ PODEMOS LER PALAVRAS?

☐ SIM. ☐ NÃO.

D) ALÉM DE LER PALAVRAS, PODEMOS LER NÚMEROS E SÍMBOLOS?

☐ SIM. ☐ NÃO.

2 LIGUE AS PLACAS AO SIGNIFICADO CORRETO.

A)

◆ PROIBIDO ANIMAIS.

B)

◆ DÊ DESCARGA.

C)

◆ JOGUE O LIXO NA LIXEIRA.

CAPÍTULO 3 — O ALFABETO

DIÁLOGO INICIAL

1. OBSERVE O CARTAZ DA CAMPANHA DE VACINAÇÃO PARA RESPONDER ORALMENTE ÀS QUESTÕES.

2. ESTA CAMPANHA TRATA DE **VACINAÇÃO INFANTIL**. O QUE APARECE NELA QUE REFORÇA ISSO?

3. NO CARTAZ, A INFORMAÇÃO SOBRE A VACINAÇÃO ESTÁ INDICADA COM LETRAS, COM NÚMEROS OU COM LETRAS E NÚMEROS?

4. VOCÊ CONHECE ALGUMA LETRA DO ALFABETO? QUAIS?

▶ CARTAZ DA CAMPANHA NACIONAL DE VACINAÇÃO CONTRA PARALISIA INFANTIL, 2011.

O ALFABETO

PARA LER E ESCREVER, USAMOS AS LETRAS DO ALFABETO!

1 VOCÊ CONHECE O ALFABETO?
   A) ☐ SIM.   B) ☐ NÃO.

2 LEIA AS LETRAS A SEGUIR COM O PROFESSOR.

A B C D E F
G H I J K
L M N O P
Q R S T U
V W X Y Z

3 AS LETRAS QUE FORMAM O ALFABETO PODEM SER DE VÁRIOS TIPOS. LEIA COM O PROFESSOR E OBSERVE.

➢ ALFABETO MAIÚSCULO EM LETRA DE IMPRENSA

A B C D E F G H I J K L M
N O P Q R S T U V W X Y Z

➢ ALFABETO MINÚSCULO EM LETRA DE IMPRENSA

a b c d e f g h i j k l m
n o p q r s t u v w x y z

➢ ALFABETO MAIÚSCULO CURSIVO

A B C D E F G H I J K L M
N O P Q R S T U V W X Y Z

➢ ALFABETO MINÚSCULO CURSIVO

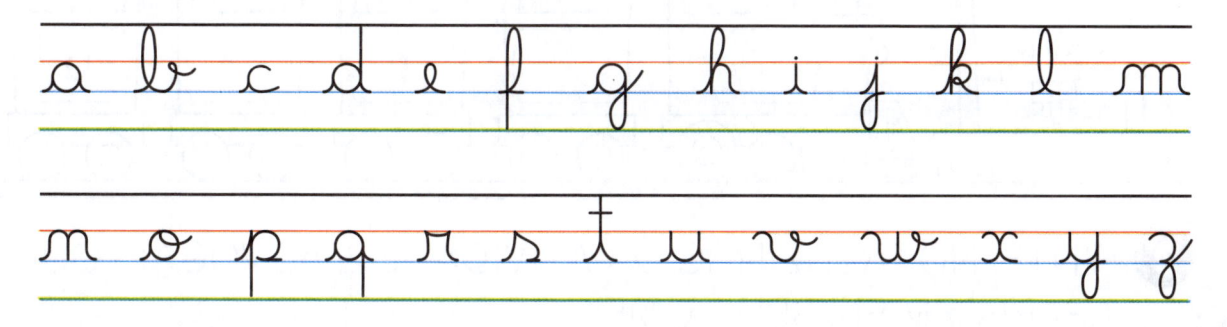

a b c d e f g h i j k l m
n o p q r s t u v w x y z

> O ALFABETO TEM 26 LETRAS. AS LETRAS **A, E, I, O, U** SÃO VOGAIS.

K, W E **Y** SÃO LETRAS USADAS PRINCIPALMENTE EM NOMES COM ORIGEM ESTRANGEIRA.

ATIVIDADES

1 OBSERVE AS VOGAIS MINÚSCULAS DO TRENZINHO A SEGUIR.

a e i o u

2 AGORA COMPLETE O TRENZINHO COM AS VOGAIS MAIÚSCULAS QUE ESTÃO FALTANDO.

I U

3 PINTE, NO TRENZINHO DA ATIVIDADE 2, AS VOGAIS QUE APARECEM EM SEU NOME.

BRINCAR E APRENDER

1 FALE O NOME DAS LETRAS E COMPLETE A **TRILHA DO ALFABETO** COM AQUELAS QUE FALTAM.

PARTIDA

A　B　C　　　E

　　　　　　G

L　K　J　I　H

N

O

　Q　R　S　　U

　　　　　　V

CHEGADA　　　W

　　　Z　Y

OLHO VIVO!

AS **LETRAS TÊM SONS**. PENSE BEM NOS SONS DAS LETRAS NA HORA DE ESCREVER.

LER E ESCREVER PARA...
RECITAR E BRINCAR

1 LEIA A QUADRINHA COM O PROFESSOR.

LÁ DO CÉU VÊM CAINDO
TRÊS CARTILHAS DO ABC
A DO MEIO VEM DIZENDO
QUE ME CASO COM VOCÊ

QUADRINHA.

> O TEXTO QUE VOCÊ LEU É FORMADO POR QUATRO VERSOS.

CADA LINHA DA **QUADRINHA** É CHAMADA VERSO. AS QUADRINHAS TÊM QUATRO VERSOS. POR SEREM CURTAS, NORMALMENTE ELAS SÃO MEMORIZADAS E RECITADAS.

2 AGORA MEMORIZE A QUADRINHA E RECITE-A COM A TURMA. DIVIRTAM-SE!

> PARA MEMORIZAR E RECITAR, SIGA AS ORIENTAÇÕES DE SEU PROFESSOR. DURANTE A RECITAÇÃO, VOCÊ PODE FAZER GESTOS DE ACORDO COM O QUE FOR DIZENDO.

ATIVIDADES

1 SEGUNDO A QUADRINHA, QUANTAS CARTILHAS VÊM CAINDO DO CÉU? _____

2 MARQUE COM **X** A FRASE QUE CORRESPONDE AO QUE DIZ A CARTILHA DO MEIO.

A) ☐ ME CASO COM VOCÊ. B) ☐ ESTAMOS CAINDO.

3 CIRCULE A CARTILHA DO MEIO.

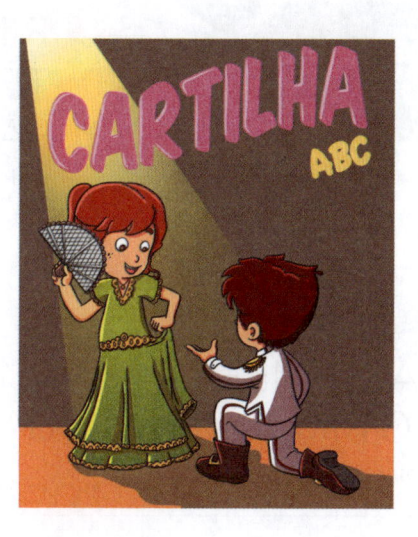

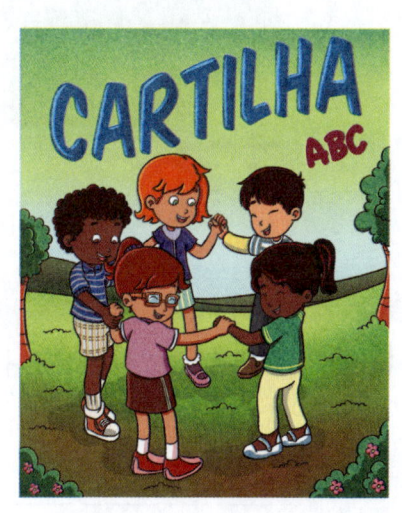

4 CONTE OS VERSOS DA QUADRINHA E RESPONDA: QUANTOS VERSOS ELA TEM? _____

5 RELEIA O PRIMEIRO VERSO E PINTE AS VOGAIS. CONTE QUANTAS SÃO E ESCREVA A SEGUIR A QUANTIDADE. ____

6 QUANTAS CONSOANTES HÁ NAS PALAVRAS DO PRIMEIRO VERSO DA QUADRINHA? _____

7 A QUANTIDADE DE VOGAIS NO PRIMEIRO VERSO DA QUADRINHA É:

A) ☐ MAIOR QUE A DE CONSOANTES.

B) ☐ IGUAL À DE CONSOANTES.

C) ☐ MENOR QUE A DE CONSOANTES.

VAMOS RELEMBRAR O QUE APRENDEMOS SOBRE RIMAS!

AS PALAVRAS RIMAM QUANDO TÊM SOM IGUAL OU PARECIDO NO MEIO OU NO FINAL DELAS.

8 NAS QUADRINHAS TAMBÉM APARECEM RIMAS. QUAIS PALAVRAS ESTÃO RIMANDO NA QUADRINHA LIDA?

_____

CALIGRAFIA

1 VAMOS TRAÇAR A LETRA CURSIVA DAS VOGAIS MINÚSCULAS.

A) VEJA COMO É O MOVIMENTO DO TRAÇADO DESTAS LETRAS:

a e i o u

B) ESCREVA AS VOGAIS MINÚSCULAS COM LETRA CURSIVA. FAÇA LENTAMENTE PARA SAIR CORRETO.

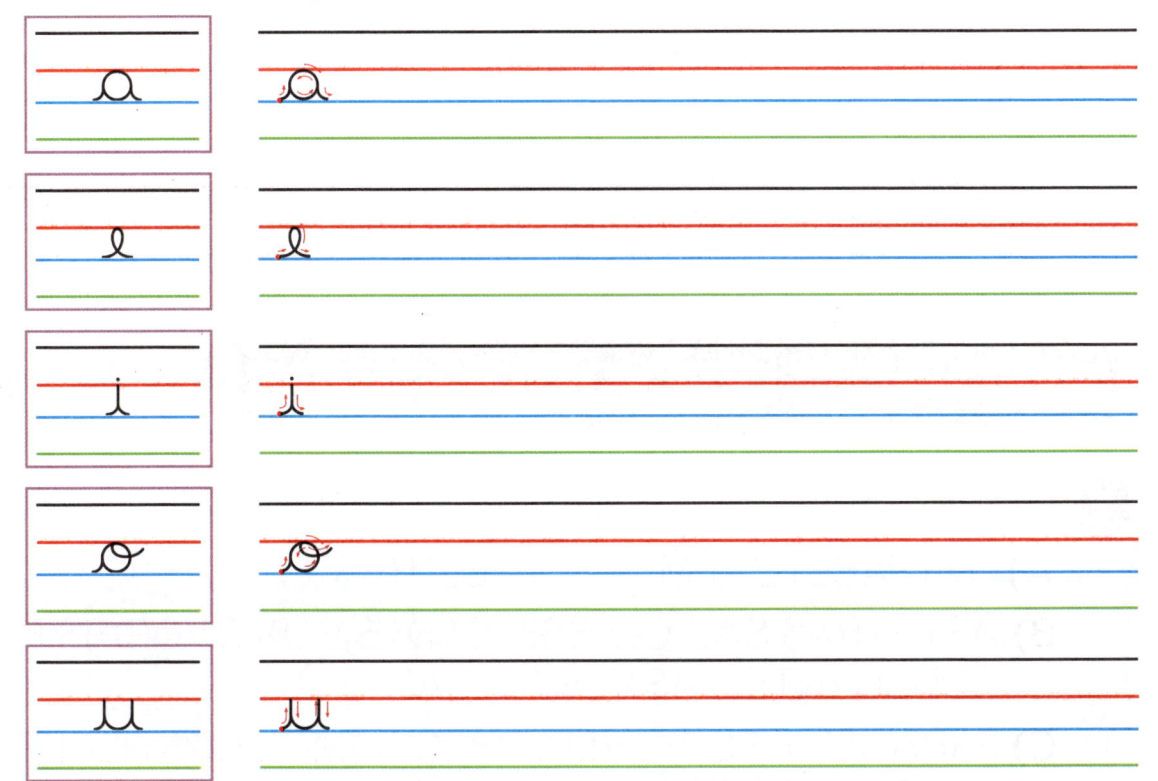

a

e

i

o

u

2 VAMOS TRAÇAR A LETRA CURSIVA DAS VOGAIS MAIÚSCULAS.

A) OBSERVE O MOVIMENTO DO TRAÇADO DESTAS LETRAS:

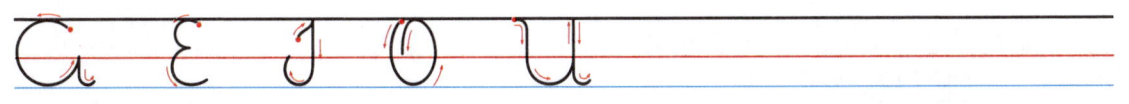

A E I O U

B) AGORA É SUA VEZ. ESCREVA AS VOGAIS MAIÚSCULAS COM LETRA CURSIVA.

A

E

I

O

U

REVENDO O QUE VOCÊ APRENDEU

1 LEIA AS FRASES COM O PROFESSOR E COMPLETE-AS.

A) O ALFABETO TEM _____ LETRAS.

B) AS LETRAS SÃO CLASSIFICADAS COMO VOGAIS E CONSOANTES. AS VOGAIS SÃO _____.

C) PARA LER E ESCREVER, PRECISAMOS CONHECER E USAR AS LETRAS DO _____. (DITADO/ALFABETO)

D) EXISTEM VÁRIOS TIPOS DE _____: MAIÚSCULO, MINÚSCULO, DE IMPRENSA E CURSIVO. (ALFABETO/PLACAS)

E) AS QUADRINHAS TÊM QUATRO _____. (VERSOS/LETRAS)

CAPÍTULO 4

AS VOGAIS NAS PALAVRAS

A B C D **E** F G H **I** J K L M N **O** P Q R S T **U** V W X Y Z
a b c d **e** f g h **i** j k l m n **o** p q r s t **u** v w x y z

DIÁLOGO INICIAL

1 OBSERVE AS PALAVRAS QUE DÃO NOME AOS ANIMAIS E RESPONDA ÀS QUESTÕES A SEGUIR.

▸ ARARA.

▸ IGUANA.

▸ URUBU.

▸ ELEFANTE.

▸ ONÇA.

2 VOCÊ CONHECE TODAS AS VOGAIS? QUAIS SÃO?

3 HÁ MAIS DE UMA VOGAL EM CADA PALAVRA OBSERVADA?

4 HÁ ALGUMA PALAVRA SEM VOGAL?

LER E ESCREVER PARA...

RECITAR

1 LEIA O POEMA COM O PROFESSOR.

RIMAS MALUCAS

CADA MACACO,
COM O SEU CACO.
CADA GALINHA,
COM A SUA LINHA.
CADA MARRECO,
COM O SEU ECO.
CADA ELEFANTE,
COM O SEU TURBANTE.
CADA LEÃO,
COM O SEU JUBÃO.
CADA VACA,
COM A SUA JACA.
CADA COELHO,
COM O SEU ESPELHO.

CADA GATO,
COM O SEU RATO.
CADA PATO,
COM O SEU PRATO.
CADA PERU,
COM O SEU GLUGLU.
CADA TUCANO,
COM O SEU CANO.

ELIAS JOSÉ. *BICHO QUE TE QUERO LIVRE*. 2. ED. SÃO PAULO: MODERNA, 2002. P. 1617.

2 RESPONDA ÀS QUESTÕES **A** E **B** ORALMENTE.

A) RELEIA O POEMA COM O PROFESSOR. O QUE RIMA COM O NOME DOS ANIMAIS QUE NELE APARECEM?

B) EM SUA OPINIÃO, POR QUE O TÍTULO DO POEMA É "RIMAS MALUCAS"?

3 AS RIMAS MALUCAS DÃO SENSAÇÃO DE:

A) ◯ TRISTEZA.

B) ◯ MEDO.

C) ◯ ALEGRIA.

4 ESCOLHA O NOME DE UM ANIMAL, DEPOIS CRIE UMA RIMA MALUCA.

_____

ATIVIDADES

1 PINTE AS VOGAIS QUE APARECEM NAS PALAVRAS DOS PRIMEIROS VERSOS DO POEMA LIDO.

CADA MACACO, COM O SEU CACO.

2 CONTE AS LETRAS DO NOME DOS ANIMAIS QUE APARECEM NA TABELA, CIRCULE AS VOGAIS E COMPLETE A TABELA COM O QUE SE PEDE.

		NÚMERO DE LETRAS	NÚMERO DE VOGAIS
	MACACO		
	ARARA		
	GALINHA		

3 NA ATIVIDADE 2, PINTE O DESENHO DO ANIMAL CUJO NOME COMEÇA COM VOGAL.

4 OBSERVE AS ILUSTRAÇÕES E PINTE AS PALAVRAS DE ACORDO COM A LEGENDA.

- 🟥 PALAVRA COM UMA VOGAL.
- 🟩 PALAVRA COM DUAS VOGAIS.
- 🟦 PALAVRA COM TRÊS VOGAIS.
- 🟨 PALAVRA COM QUATRO VOGAIS.
- 🟥 PALAVRA SEM VOGAL.

A) OLHO

B) ESCOVA

C) FADA

D) SOL

E) VELA

F) CORAÇÃO

G) BOCA

H) NAVIO

I) PEIXE

5 RESPONDA ÀS QUESTÕES MARCANDO **X** NO **SIM** OU NO **NÃO**.

	SIM	NÃO
A) EXISTE PALAVRA SEM VOGAL?		
B) EM UMA MESMA PALAVRA, PODE APARECER VOGAL REPETIDA?		
C) AS VOGAIS PODEM APARECER NO INÍCIO, NO MEIO E NO FIM DAS PALAVRAS?		
D) DUAS VOGAIS PODEM APARECER JUNTAS NA MESMA PALAVRA?		

PRODUÇÃO DE TEXTO

≫ POEMA

ESCOLHA AS PALAVRAS NOS QUADROS PARA COMPLETAR OS VERSOS E CONSTRUIR UM NOVO POEMA COM RIMAS MALUCAS.

LIMÃO	MATO	BATATA	PÉ

CADA 🐊 COM O SEU _____.

CADA 🦁 COM O SEU _____.

CADA 🐈 COM O SEU _____.

CADA 🪳 COM A SUA _____.

PRODUÇÃO ORAL

EM GRUPO, VOCÊ E SEUS COLEGAS VÃO RECITAR O POEMA "RIMAS MALUCAS" PARA A TURMA.

> PARA RECITAR UM POEMA, É PRECISO PREPARAR A RECITAÇÃO. SEU PROFESSOR IRÁ DIZER COMO FAZER.

≫ PROCEDIMENTOS PARA A RECITAÇÃO

- O PROFESSOR LERÁ O POEMA ALGUMAS VEZES PARA QUE VOCÊ E SEUS COLEGAS O MEMORIZEM.
- QUANDO O POEMA ESTIVER MEMORIZADO, SERÁ A HORA DE VOCÊS O RECITAREM DIZENDO UM VERSO DE CADA VEZ, COM EMOÇÃO.
- FAÇAM GESTOS DE ACORDO COM O ASSUNTO TRATADO E FALEM ALTO O SUFICIENTE PARA TODOS OUVIREM.

BRINCAR E APRENDER

1 LEIA A ADIVINHA COM O PROFESSOR.

O QUE É, O QUE É?
UNHA TEM NA FRENTE,
URUBU TEM NA FRENTE E ATRÁS,
SAÚVA TEM NO MEIO,
A RESPOSTA É UMA DAS VOGAIS.

ADIVINHA

2 CIRCULE A RESPOSTA ABAIXO.
A) A   B) E   C) I   D) O   E) U

LER E ESCREVER PARA...

CONTAR

1 ANTES DE LER, NA PRÓXIMA PÁGINA, O TEXTO "A RAPOSA E AS UVAS" COM O PROFESSOR, OBSERVE-O COM ATENÇÃO PARA FAZER AS ATIVIDADES.

A) PELO MODO COMO AS FRASES ESTÃO ESCRITAS, ISTO É, PELA ORGANIZAÇÃO, VOCÊ ACHA QUE O TEXTO É:
- ☐ UMA QUADRINHA.
- ☐ UMA RECEITA.
- ☐ UMA HISTÓRIA.

B) O TÍTULO DO TEXTO É "A RAPOSA E AS UVAS". EM SUA OPINIÃO, COMO SERÁ A HISTÓRIA? CONTE AOS COLEGAS E AO PROFESSOR.

2 LEIA O TEXTO COM O PROFESSOR PARA CONFERIR SUAS RESPOSTAS.

A RAPOSA E AS UVAS

UMA RAPOSA PASSOU POR BAIXO DE UMA PARREIRA CARREGADA DE LINDAS UVAS. FICOU LOGO COM MUITA VONTADE DE APANHAR AS UVAS PARA COMER.

DEU MUITOS SALTOS, TENTOU SUBIR NA PARREIRA, MAS NÃO CONSEGUIU.

DEPOIS DE MUITO TENTAR FOI-SE EMBORA, DIZENDO:

– EU NEM ESTOU LIGANDO PARA AS UVAS. ELAS ESTÃO VERDES MESMO...

RUTH ROCHA. *FÁBULAS DE ESOPO*. ED. REFORMULADA. SÃO PAULO: SALAMANDRA, 2010. P. 11.

FÁBULAS SÃO HISTÓRIAS CURTAS, GERALMENTE COM ANIMAIS QUE PENSAM E AGEM COMO O SER HUMANO.
ELAS PRETENDEM ENSINAR ALGO AO LEITOR. ESSE ENSINAMENTO É CHAMADO **MORAL**.

3 PINTE A PALAVRA QUE INDICA A FRUTA QUE A RAPOSA QUERIA COMER.

| MAÇÃ | PERA | UVA | BANANA |

4 AGORA RESPONDA ÀS QUESTÕES.

A) POR QUE A RAPOSA FICOU COM VONTADE DE COMER AS UVAS?

☐ PORQUE AS UVAS ESTAVAM LINDAS.

☐ PORQUE AS UVAS ESTAVAM CHEIROSAS.

B) O QUE A RAPOSA FEZ PARA CONSEGUIR AS UVAS?

☐ ELA BALANÇOU A PARREIRA PARA QUE AS UVAS CAÍSSEM.

☐ ELA DEU MUITOS SALTOS E TENTOU SUBIR NA PARREIRA.

C) POR QUE A RAPOSA FOI EMBORA SEM COMER AS UVAS?

☐ PORQUE ELA NÃO CONSEGUIU ALCANÇÁ-LAS.

☐ PORQUE ELA PERDEU A FOME.

5 SE VOCÊ TIVESSE QUE DAR OUTRO TÍTULO PARA ESTA FÁBULA, QUAL SERIA?

_____
_____
_____

PRODUÇÃO DE TEXTO

≫ RECONTO E REESCRITA

1 OBSERVE AS CENAS E NUMERE-AS NA SEQUÊNCIA, DE ACORDO COM A FÁBULA "A RAPOSA E AS UVAS".

2 AGORA SIGA AS ORIENTAÇÕES E RECONTE A FÁBULA PARA UM COLEGA.

ORIENTAÇÕES PARA RECONTAR O TEXTO

- PRIMEIRO, RELEMBRE DIREITINHO TUDO O QUE ACONTECEU NO INÍCIO, NO MEIO E NO FIM DA HISTÓRIA.
- SE NÃO LEMBRAR, PEÇA AO PROFESSOR QUE LEIA NOVAMENTE A FÁBULA.
- NA HORA DE RECONTÁ-LA PARA UM DOS COLEGAS, PROCURE USAR AS MESMAS PALAVRAS DA FÁBULA.

3 COM O PROFESSOR, FAÇAM A REESCRITA DA FÁBULA. PARA ISSO, SIGAM AS ORIENTAÇÕES.

ORIENTAÇÕES PARA A REESCRITA

- RELEMBRE COM OS COLEGAS OS FATOS, AS AÇÕES DA FÁBULA E A ORDEM EM QUE OCORREM NO TEXTO.
- JUNTOS, DITEM PARA O PROFESSOR AS AÇÕES E OS FATOS NA ORDEM EM QUE ACONTECERAM. O PROFESSOR VAI ESCREVER NA LOUSA A VERSÃO DE VOCÊS.
- DITEM UM POUCO, PAREM E PEÇAM AO PROFESSOR QUE LEIA O QUE JÁ FOI ESCRITO PARA QUE VOCÊS VERIFIQUEM SE ESTÁ BOM, OU SE É PRECISO MUDAR OU ACRESCENTAR ALGUMA COISA. SE FOR NECESSÁRIO CORRIGIR, DIGAM O QUE DEVE SER ALTERADO E COMO DEVE SER ESCRITO.
- CONTINUEM FAZENDO ASSIM ATÉ O FIM DO TEXTO.
- NO FINAL, PEÇAM AO PROFESSOR QUE LEIA O TEXTO TODO E DEEM UM TÍTULO PARA ELE.

> ANTES DE DITAR A FÁBULA, LEMBREM-SE DE PLANEJAR O TEXTO PENSANDO EM COMO A HISTÓRIA COMEÇA, O QUE ACONTECE NO MEIO E COMO TERMINA. NÃO SE ESQUEÇAM DO TÍTULO!

BAÚ DE INFORMAÇÕES

EM ALGUMAS FÁBULAS OS PERSONAGENS SÃO ANIMAIS E TÊM CARACTERÍSTICAS HUMANAS. A RAPOSA COSTUMA SER ESPERTA; A CORUJA, SÁBIA E ATENTA; O MACACO, TRAPACEIRO; E A TARTARUGA, LENTA. A CIGARRA É CANTORA E PREGUIÇOSA; A FORMIGA, TRABALHADORA; O BURRO, INTELIGENTE; E O CACHORRO, AMIGO.

REVENDO O QUE VOCÊ APRENDEU

1 COM O PROFESSOR, LEIA AS FRASES. SE A FRASE FOR VERDADEIRA, ASSINALE O QUADRINHO CORRESPONDENTE A ELA.

A) ☐ AS PALAVRAS SÃO ESCRITAS COM VOGAIS OU COM VOGAIS E CONSOANTES.

B) ☐ AS VOGAIS NÃO SÃO USADAS NA ESCRITA.

C) ☐ AS VOGAIS PODEM APARECER NO INÍCIO, NO MEIO E NO FIM DAS PALAVRAS.

D) ☐ NÃO EXISTE PALAVRA SEM VOGAL.

E) ☐ A MESMA VOGAL PODE APARECER MAIS DE UMA VEZ EM UMA PALAVRA.

F) ☐ FÁBULAS SÃO HISTÓRIAS QUE PODEM APRESENTAR ANIMAIS COMO PERSONAGENS. NELAS OS ANIMAIS PENSAM E AGEM COMO O SER HUMANO.

G) ☐ AS FÁBULAS PRETENDEM ENSINAR ALGO AO LEITOR. ESSE ENSINAMENTO É CHAMADO MORAL.

CAPÍTULO 5 — ENCONTROS VOCÁLICOS

DIÁLOGO INICIAL

OBSERVE QUE O CEBOLINHA E A MAGALI ESTÃO DIZENDO ALGO.

OI!

OI!

1. O QUE OS PERSONAGENS ESTÃO DIZENDO? LEIA EM VOZ ALTA.

2. OBSERVE, ABAIXO, AS PALAVRAS FORMADAS POR VOGAIS. LEIA-AS E ASSINALE AS QUE EMPREGAMOS PARA CHAMAR ALGUÉM.

A) ◯ OI   B) ◯ AU   C) ◯ EI   D) ◯ AI   E) ◯ OU

3. VOCÊ COSTUMA CUMPRIMENTAR AS PESSOAS? COMENTE E DÊ EXEMPLOS.

BAÚ DE INFORMAÇÕES

CURIOSIDADES...
COMO OS ESQUIMÓS SE CUMPRIMENTAM?

QUANDO OS ESQUIMÓS QUEREM SE CUMPRIMENTAR, ELES TOCAM-SE UM NO OUTRO COM A PONTINHA DO NARIZ. ELES FAZEM ISSO PORQUE O NARIZ É UMA DAS POUCAS PARTES DO CORPO QUE NÃO FICA COBERTA DE ROUPAS.

LER E ESCREVER PARA...

RECITAR

1 LEIA COM O PROFESSOR.

BATATINHA APRENDE A LATIR

O CACHORRO BATATINHA
QUER APRENDER A LATIR
ABRE A BOCA, FECHA OS OLHOS:
I, I, I, I, I, I, I, I, I, I.

O CACHORRO BATATINHA
ATÉ PENSA QUE LATIU.
ABRE A BOCA, FECHA OS OLHOS:
IU, IU, IU, IU, IU, IU, IU, IU, IU.

O CACHORRO BATATINHA
QUER LATIR, ACHA QUE ERROU.
ABRE A BOCA, FECHA OS OLHOS:
OU, OU, OU, OU, OU, OU, OU, OU.

O CACHORRO BATATINHA
VAI LATIR MESMO OU NÃO VAI?
ABRE A BOCA, FECHA OS OLHOS:
AI, AI, AI, AI, AI, AI, AI, AI.

O CACHORRO BATATINHA
LATE LENTO QUE NEM SEI...
ABRE A BOCA, FECHA OS OLHOS:
EI, EI, EI, EI, EI, EI, EI, EI.

O CACHORRO BATATINHA
ATÉ PENSA QUE APRENDEU.
ABRE A BOCA, FECHA OS OLHOS:
EU, EU, EU, EU, EU, EU, EU, EU.

BATATINHA VAI DORMIR
SONHA QUE LATE AFINAL.
ABRE A BOCA, FECHA OS OLHOS:
MIAU, MIAU, MIAU.

SÉRGIO CAPARELLI. *A JIBOIA GABRIELA*. PORTO ALEGRE: L&PM, 1984. P. 10-11.

2 MARQUE UM **X** NAS ALTERNATIVAS CORRETAS.

A) O NOME DO CACHORRO SUGERE:

◯ RAIVA.   ◯ MEDO.   ◯ CARINHO.

B) SE O NOME DO CACHORRO FOSSE TROVÃO, SERIA SUGERIDA A MESMA IDEIA?

◯ SIM.   ◯ NÃO.

EXPLIQUE ORALMENTE SUA RESPOSTA.

3 A IDEIA PRINCIPAL DO POEMA É:

A) ⬜ MOSTRAR QUE LATIR É UMA ATITUDE MUITO FÁCIL PARA OS CACHORROS.

B) ⬜ MOSTRAR QUE O BATATINHA TENTOU VÁRIAS VEZES APRENDER A LATIR.

4 ESCREVA NO BALÃO A FALA DO CACHORRO BATATINHA QUE COMPLETA OS VERSOS A SEGUIR.

O CACHORRO BATATINHA
QUER LATIR, ACHA QUE ERROU.
ABRE A BOCA E FECHA OS OLHOS:

5 PINTE COM CORES IGUAIS O QUE ESTÁ RIMANDO.

A) LATIU

B) ERROU

C) SEI

D) APRENDEU

E) EI, EI, EI, EI, EI, EI...

F) IU, IU, IU, IU, IU, IU...

G) EU, EU, EU, EU, EU, EU...

H) OU, OU, OU, OU, OU, OU...

"AU, AU!"

"OI!"

"AS VOGAIS PODEM FICAR JUNTAS E FORMAR PALAVRAS, OU APARECER JUNTAS DENTRO DAS PALAVRAS."

Fotografias: Maurício de Sousa Editora Ltda.

LER E ESCREVER PARA...

BRINCAR

1 LEIA A PARLENDA COM O PROFESSOR E CIRCULE AS PALAVRAS QUE RIMAM.

"AS PARLENDAS SERVEM PARA NOS DIVERTIR!"

LÁ EM CIMA DO PIANO
TEM UM COPO DE VENENO.
QUEM BEBEU MORREU.
O CULPADO NÃO FUI EU.

PARLENDA.

AS **PARLENDAS** SÃO UMA ESPÉCIE DE QUADRINHA. ELAS SERVEM PARA NOS DIVERTIR E SÃO RECITADAS EM BRINCADEIRAS DE CRIANÇAS.

2 DIGA PARA A TURMA OUTRAS PALAVRAS QUE PODEM RIMAR COM AS PALAVRAS CIRCULADAS.

3 MEMORIZE A PARLENDA TREINANDO COM OS COLEGAS. DEPOIS RECITEM JUNTOS.

4 A PARLENDA DIZ QUE EM CIMA DO PIANO TEM UM COPO DE VENENO. LEIA AS PLACAS E MARQUE UM **X** NO QUADRINHO DAQUELA QUE INDICA VENENO.

A) ☐   B) ☐   C) ☐

ATIVIDADES

❯ ENCONTROS VOCÁLICOS

1 LEIA E REESCREVA COM LETRA CURSIVA.

Ai	Ao	Ui	Oi

Au	Ei	Eia	Ia

2 NA PARLENDA HÁ ALGUMAS PALAVRAS COM VOGAIS JUNTAS. COPIE-AS, UMA EMBAIXO DA OUTRA, EM FORMA DE LISTA.

PIANO _____   _____

_____   _____

_____   _____

_____

3 COMPLETE OS ESPAÇOS EM BRANCO COM **EI**, **OI** OU **OU**.

A) T | E | S | | | R | O

B) T | E | S | | R | A

C) T | | | R | O

D) B | I | S | C | | T | O

E) M | A | M | A | D | | R | A

4 COM O PROFESSOR, LEIA AS PALAVRAS ABAIXO E CIRCULE O QUE ELAS TÊM DE IGUAL.

A) LOUÇA   B) COURO   C) POUCA

5 PINTE A LETRA QUE TRANSFORMA UMA PALAVRA EM OUTRA.

A) TESOURA   B) TESOURO

≫ SÍLABAS

> AS PALAVRAS PODEM SER DIVIDIDAS EM PARTES, CHAMADAS **SÍLABAS**. TODA SÍLABA TEM UMA VOGAL.

OU-RO
CE-NOU-RA

1 LEIA A PALAVRA E VEJA COMO FICA QUANDO SEPARAMOS SUAS SÍLABAS.

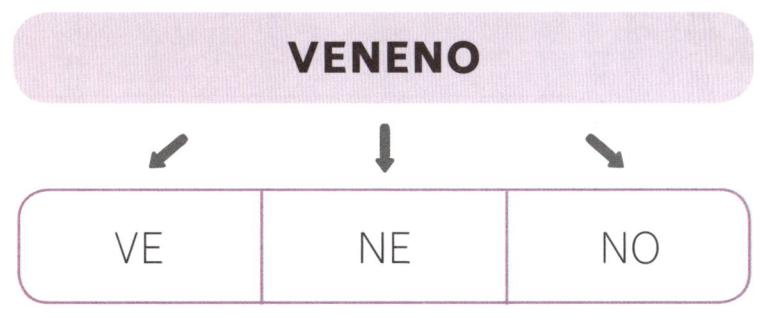

VENENO

| VE | NE | NO |

2 AGORA CIRCULE AS VOGAIS NAS SÍLABAS DA PALAVRA ACIMA.

3 DIVIDA AS PALAVRAS COLOCANDO CADA SÍLABA EM UM QUADRINHO. SIGA O EXEMPLO.

A) VENENO → (VE) – (NE) – (NO)

B) PIANO → ( ) – ( ) – ( )

C) COPO → ( ) – ( )

D) TEM → ( )

4 OBSERVE OS QUADRINHOS DA ATIVIDADE ANTERIOR E CONVERSE COM OS COLEGAS E O PROFESSOR: AS PALAVRAS SÃO FORMADAS PELA MESMA QUANTIDADE DE SÍLABAS?

5 COPIE AS DUAS PRIMEIRAS SÍLABAS DA PALAVRA **PIANO** E LEIA A PALAVRA QUE SE FORMOU.

_____

6 LEIA AS PALAVRAS E PINTE, DE **AZUL**, AS VOGAIS E, DE **VERDE**, AS CONSOANTES.

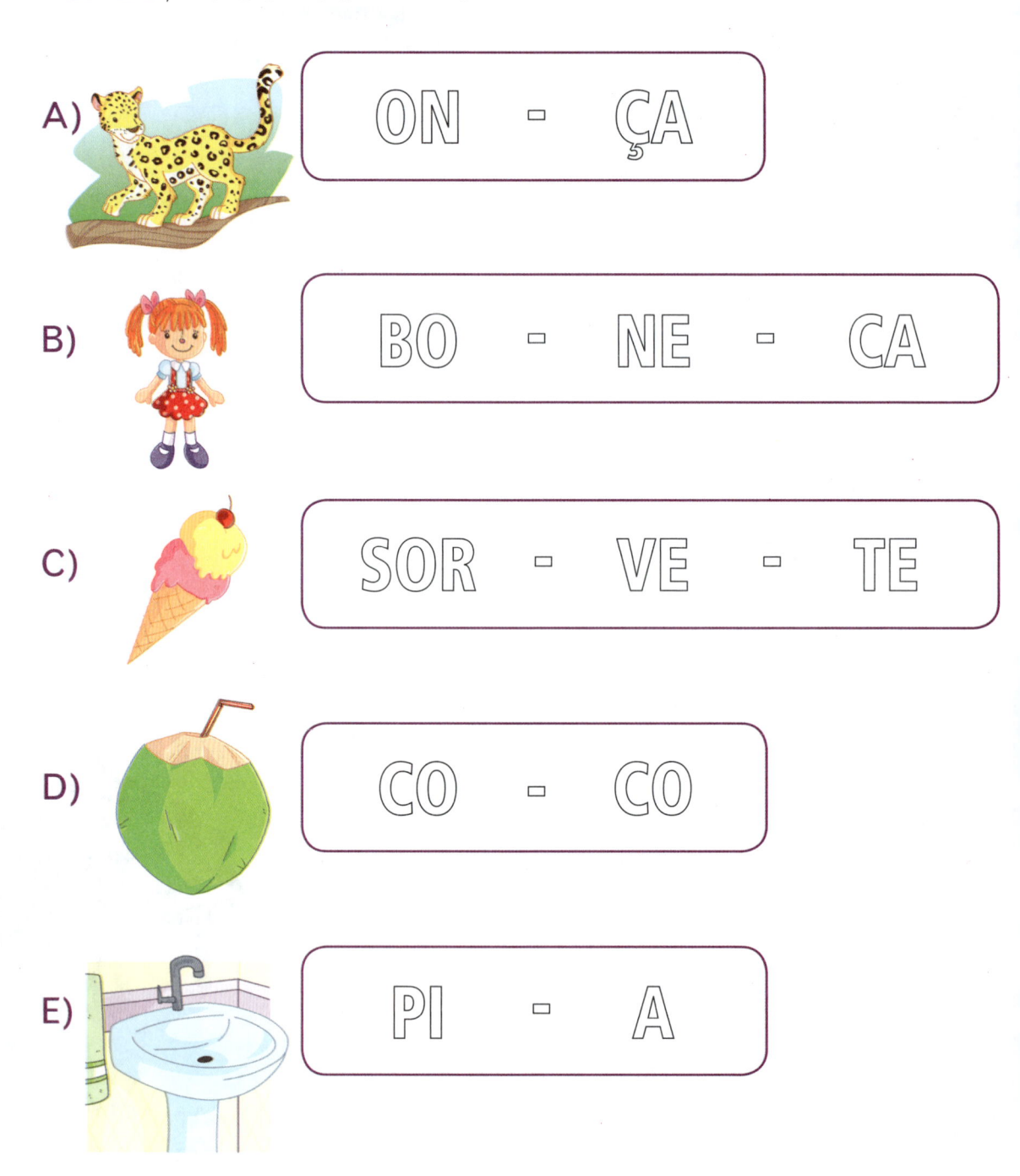

A) ON - ÇA

B) BO - NE - CA

C) SOR - VE - TE

D) CO - CO

E) PI - A

7 OBSERVE AS CENAS. ESCOLHA DO QUADRO A PALAVRA ADEQUADA E ESCREVA EM CADA BALÃO.

OI!   EI!   EU?   AI!   AU!   UI!   UAU!

A)

B)

C)

VALORES E VIVÊNCIAS

CUMPRIMENTAR AS PESSOAS DEMONSTRA BOA EDUCAÇÃO E DELICADEZA. CONVERSE COM OS COLEGAS E COM O PROFESSOR SOBRE ISSO E, JUNTO COM ELES, MONTE UM MURAL MOSTRANDO QUANDO E COMO DEVEMOS CUMPRIMENTAR AS PESSOAS.

CONVERSANDO TAMBÉM SE APRENDE

DEPENDENDO DA REGIÃO ONDE MORAM, AS PESSOAS USAM PALAVRAS, EXPRESSÕES E GESTOS DIFERENTES PARA SE CUMPRIMENTAR.

1 COMO AS PESSOAS SE CUMPRIMENTAM NO LUGAR EM QUE VOCÊ VIVE?

2 CONVERSE COM OS COLEGAS E REGISTRE, COM A AJUDA DO PROFESSOR, O RESULTADO DESSA CONVERSA.

PRODUÇÃO DE TEXTO

≫ MANUAL

QUE TAL CRIAR UM MANUAL DE BOAS MANEIRAS DA TURMA? SIGA AS ORIENTAÇÕES DO PROFESSOR.

PROCEDIMENTOS PARA A PRODUÇÃO DO MANUAL

1. ORGANIZE COM OS COLEGAS UMA LISTA DE PALAVRAS OU EXPRESSÕES USADAS NO LOCAL EM QUE VOCÊ MORA QUANDO AS PESSOAS:

- PEDEM OU RECEBEM ALGO;
- CHEGAM OU SAEM DE ALGUM LUGAR.

2. DITEM JUNTOS AS PALAVRAS PARA O PROFESSOR.

REVENDO O QUE VOCÊ APRENDEU

1 LEIA AS FRASES COM O PROFESSOR E NUMERE-AS DE ACORDO COM A LEGENDA A SEGUIR:

1 CERTO **2 ERRADO**

A) ☐ DUAS VOGAIS JUNTAS NÃO PODEM FORMAR UMA PALAVRA.

B) ☐ O ENCONTRO DE VOGAIS NUMA PALAVRA É CHAMADO DE ENCONTRO VOCÁLICO.

C) ☐ VOGAIS PODEM APARECER JUNTAS EM UMA PALAVRA.

D) ☐ AS PALAVRAS PODEM SER DIVIDIDAS EM PARTES, CHAMADAS SÍLABAS.

E) ☐ AS PARLENDAS APRESENTAM RIMA, PODEM SER MEMORIZADAS E RECITADAS EM BRINCADEIRAS.

CAPÍTULO 6 — TIL (~)

DIÁLOGO INICIAL

1 OBSERVE A TIRINHA E RESPONDA ORALMENTE ÀS QUESTÕES.

▶ TIRA DA TURMA DA MÔNICA, DE MAURICIO DE SOUSA.

2 QUAL É O NOME DAS FRUTAS QUE A PERSONAGEM MAGALI ESTÁ CARREGANDO?

3 OBSERVE AS VOGAIS NO QUADRO E CIRCULE A QUE APARECE NO FINAL DA PALAVRA **MAÇÃ**.

A Ã

4 O SOM DA VOGAL QUE VOCÊ MARCOU É IGUAL AO DA VOGAL NA SÍLABA **MA**?

5 OBSERVE AS VOGAIS DA PALAVRA **MAÇÃ**. EM QUAL DELAS É EMPREGADO UM SINAL?

6 NA VOGAL **A** FOI EMPREGADO O SINAL **TIL**. O SINAL **TIL** ALTERA O SOM DAS VOGAIS?

LER E ESCREVER PARA...

RECITAR

1 LEIA O TEXTO COM O PROFESSOR.

PAI FRANCISCO

PAI FRANCISCO ENTROU NA RODA
TOCANDO SEU VIOLÃO,
TODO O CÉU FICOU PINTADO
PELAS ASAS DO AZULÃO!

SYLVIA ORTHOF. *A POESIA É UMA PULGA*.
SÃO PAULO: ATUAL, 2009. © BY HERDEIROS
DE SYLVIA ORTHOF.

2 O TEXTO ACIMA É:

A) ☐ UMA FÁBULA.

B) ☐ UM BILHETE.

C) ☐ UM POEMA.

3 ORALMENTE, JUSTIFIQUE SUA RESPOSTA PARA A ATIVIDADE ANTERIOR.

4 OS POEMAS PODEM NOS TRANSMITIR VÁRIAS SENSAÇÕES. NESSE POEMA, O VIOLÃO TOCANDO E O PÁSSARO VOANDO NO CÉU AZUL NOS DÃO A SENSAÇÃO DE:

A) ☐ SONO.   B) ☐ MEDO.   C) ☐ ALEGRIA.

5 QUE INSTRUMENTO PAI FRANCISCO ESTAVA TOCANDO? CIRCULE A IMAGEM CORRETA.

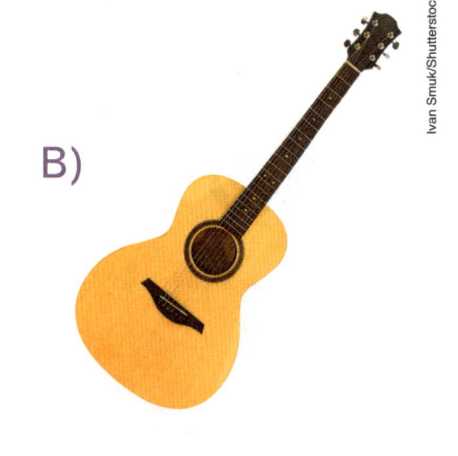

A)

B)

C)

6 LEIA E PINTE O NOME DO INSTRUMENTO QUE VOCÊ CIRCULOU.

A) PIANO   B) VIOLÃO   C) PANDEIRO

7 QUAIS PALAVRAS RIMAM NO POEMA? CIRCULE-AS NO TEXTO.

8 RELEIA O POEMA "PAI FRANCISCO" E RESPONDA.

A) DE QUE AZULÃO O TEXTO ESTÁ FALANDO? DE UM PÁSSARO OU DE UMA COR?

_____

B) QUE PISTAS VOCÊ ENCONTROU NO TEXTO PARA RESPONDER À PERGUNTA ANTERIOR?

_____

ATIVIDADES

1 SUBLINHE A PARTE IGUAL DAS PALAVRAS.

A) LIMÃO

B) CORAÇÃO

C) AVIÃO

D) TUBARÃO

> O SINAL SOBRE A VOGAL **A** CHAMA-SE **TIL**.

2 LEIA COM O PROFESSOR O NOME DAS IMAGENS COMO ESTÃO ESCRITOS.

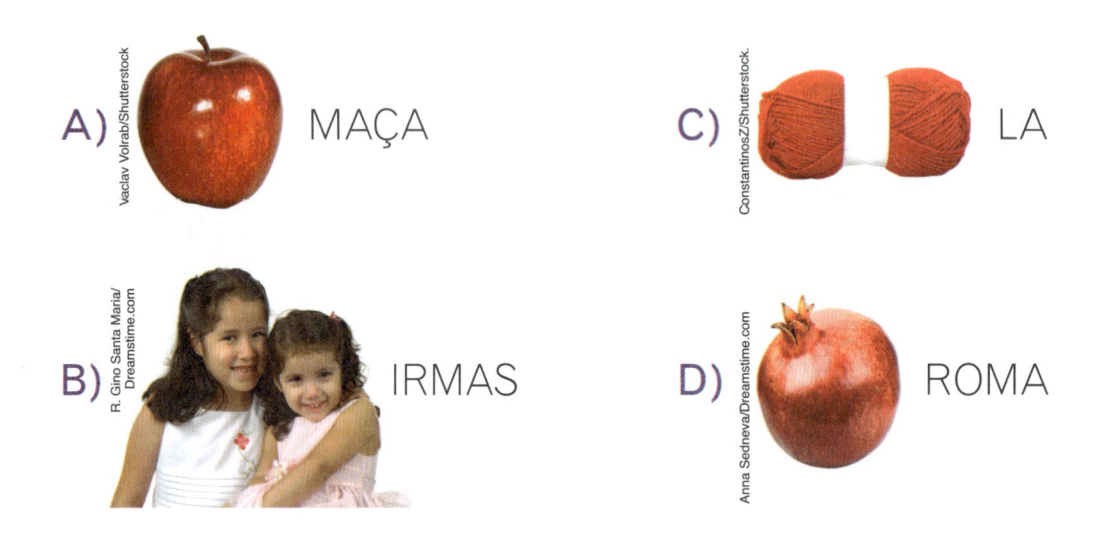

A) MAÇA

B) IRMAS

C) LA

D) ROMA

3 AGORA COLOQUE O SINAL **TIL** SOBRE A VOGAL **A** FINAL NAS PALAVRAS ACIMA E LEIA DE NOVO, COM O PROFESSOR, PARA PERCEBER A DIFERENÇA DE SONS.

4 COMPLETE OS ESPAÇOS EM BRANCO COM **ÃO** OU **Ã**.

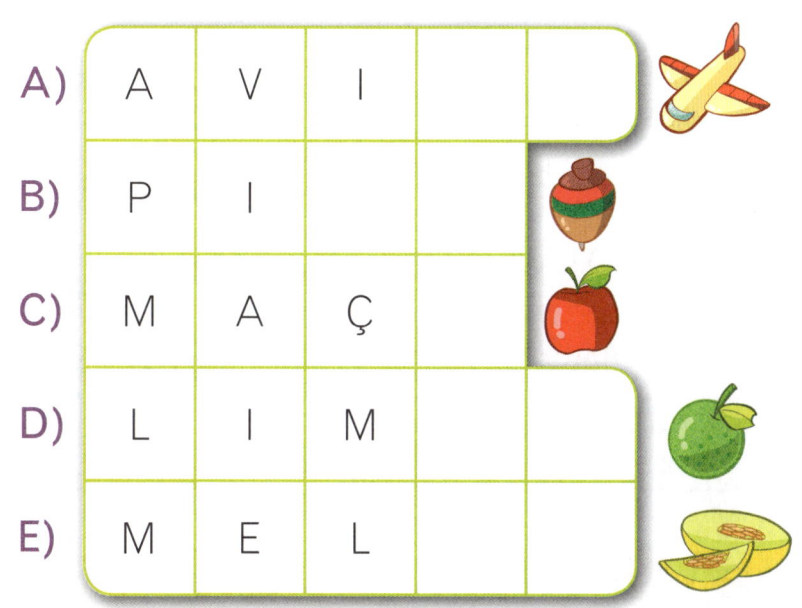

A)	A	V	I	
B)	P	I		
C)	M	A	Ç	
D)	L	I	M	
E)	M	E	L	

5 PINTE OS DESENHOS CUJO NOME TERMINA EM **ÃO** E ESCREVA O NOME DE CADA UM.

A)

_____

B)

_____

C)

_____

D)

_____

E)

_____

F)

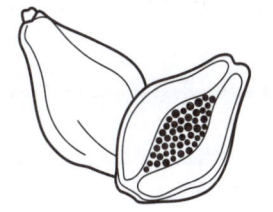

_____

6 PINTE AS PALAVRAS IGUAIS COM A MESMA COR.

MELÃO	*melão*
CAMINHÃO	*romã*
BOTÃO	*maçã*
MAÇÃ	*botão*
ROMÃ	*caminhão*

PRODUÇÃO DE TEXTO

≫ REORDENAR POEMA

1 RELEIA O POEMA COM O PROFESSOR E NUMERE OS VERSOS QUE ESTÃO EMBARALHADOS PARA REORGANIZÁ-LOS.

TOCANDO SEU VIOLÃO,	
TODO O CÉU FICOU PINTADO	
PELAS ASAS DO AZULÃO!	
PAI FRANCISCO ENTROU NA RODA	

2 ESCREVA-OS NA ORDEM CORRETA NAS LINHAS ABAIXO.

_____
_____
_____
_____

LER E ESCREVER PARA...

INFORMAR

PÁSSARO AZULÃO

[...]

CARACTERÍSTICA

TAMANHO: MEDE APROXIMADAMENTE 16 CENTÍMETROS DE COMPRIMENTO, SEU BICO É AVANTAJADO E NEGRO. O MACHO É TOTALMENTE AZUL-ESCURO, COM PARTES AZUIS BRILHANTES. A FÊMEA E OS FILHOTES SÃO TOTALMENTE PARDOS. [...]

▶ PÁSSARO AZULÃO.

ALIMENTAÇÃO

ALIMENTA-SE DE SEMENTES, FRUTAS E INSETOS. [...]

DISPONÍVEL EM: <www.avescatarinenses.com.br/animais/1-aves/484-azulao/2298?start=10>. ACESSO EM: JUN. 2015.

1 RESPONDA ORALMENTE ÀS QUESTÕES.

A) O TEXTO QUE VOCÊ ACABOU DE LER TAMBÉM É UM POEMA? EXPLIQUE SUA RESPOSTA.

B) PARA QUE SERVE ESSE TEXTO?

C) ALÉM DO TAMANHO E DA ALIMENTAÇÃO, QUE OUTRA INFORMAÇÃO VOCÊ GOSTARIA DE SABER SOBRE O AZULÃO?

2 DE ACORDO COM AS INFORMAÇÕES DO TEXTO, CIRCULE O AZULÃO MACHO E FAÇA UM **X** NO AZULÃO FÊMEA.

3 DESENHE UM DOS ALIMENTOS DO AZULÃO.

VAMOS SABER MAIS DE TEXTO INFORMATIVO?

O **TEXTO INFORMATIVO** PODE TRATAR DE QUALQUER ASSUNTO, INFORMANDO-NOS SOBRE O TEMA. ELE NÃO É ESCRITO EM VERSO, E AS INFORMAÇÕES SÃO APRESENTADAS DE FORMA BEM CLARA PARA QUE TODOS AS ENTENDAM.

BRINCAR E APRENDER

1 PINTE OS ESPAÇOS CONFORME A LEGENDA E REVELE O INSTRUMENTO MUSICAL QUE O PAI FRANCISCO TOCAVA.

A = ▢   E = ▢   I = ▢   O = ▢   U = ▢

REVENDO O QUE VOCÊ APRENDEU

1 MARQUE COM UM **X** SOMENTE AS AFIRMAÇÕES QUE ESTIVEREM CORRETAS.

A) ☐ O SINAL GRÁFICO ~ CHAMA-SE **TIL**.

B) ☐ O **TIL** INDICA O SOM NASAL EM PALAVRAS.

C) ☐ O **TIL** PODE SER COLOCADO ACIMA DE QUALQUER VOGAL.

2 PINTE AS FRASES CORRETAS DE ACORDO COM O QUE VOCÊ APRENDEU.

| TEXTOS INFORMATIVOS DEVEM APRESENTAR AS INFORMAÇÕES DE FORMA BEM CLARA PARA QUE TODOS ENTENDAM. |

| TEXTOS INFORMATIVOS SÃO ESCRITOS EM VERSOS E DEVEM RIMAR. |

| POEMAS SÃO ESCRITOS EM VERSOS E PODEM TER RIMAS. |

| POEMAS E TEXTOS INFORMATIVOS TÊM A MESMA FINALIDADE. |

| POEMAS E TEXTOS INFORMATIVOS TÊM FINALIDADES DIFERENTES. |

UNIDADE 2
AS LETRAS E OS ANIMAIS

ABC DA PASSARADA

ANDORINHA
BEM-TE-VI
COLEIRINHA
DORMINHOCO
EMA
FALCÃO
GRAÚNA
HARPIA
INHAMBU
JACUTINGA
LINDO-AZUL
MAINÁ

NOIVINHA
OITIMBÓ
PINTASSILGO
QUIRIRI
ROLINHA
SABIÁ
TICO-TICO
UIRAPURU
VIUVINHA
XEXÉU
ZABELÊ

LALAU E LAURABEATRIZ. *FORA DA GAIOLA E OUTRAS POESIAS*. SÃO PAULO: COMPANHIA DAS LETRINHAS, 2001. P. 28-29.

CAPÍTULO 1

P p

PAPAGAIO
papagaio

A B C D E F G H I J K L M N O **P** Q R S T U V W X Y Z
a b c d e f g h i j k l m n o **p** q r s t u v w x y z

DIÁLOGO INICIAL

▶ TARSILA DO AMARAL. *O VENDEDOR DE FRUTAS*, 1925. ÓLEO SOBRE TELA, 108,5 × 84,5 CM.

1 OBSERVE A PINTURA ACIMA E IDENTIFIQUE NELA O ANIMAL QUE TEM EM SEU NOME A LETRA **P** COMO INICIAL.

2 AGORA OBSERVE AS FRUTAS QUE ESTÃO NO BARCO. VOCÊ CONHECE ALGUMA DELAS? QUAIS?

3 VOCÊ CONHECE NOMES DE FRUTAS QUE COMECEM COM A LETRA **P**?

LER E ESCREVER PARA...

RECITAR

1 LEIA A PARLENDA.

PAPAGAIO LOURO
DO BICO DOURADO
LEVA ESTE RECADO
PRO MEU NAMORADO!

PARLENDA.

2 DE ACORDO COM A PARLENDA, RESPONDA ORALMENTE.

A) QUEM VAI LEVAR O RECADO?
B) PARA QUEM É O RECADO?
C) O QUE SERÁ QUE O RECADO DIZ?

3 NA PARLENDA, A PALAVRA **DOURADO** RIMA COM QUAIS PALAVRAS?

_____

4 PINTE, COM CORES DIFERENTES, CADA PALAVRA DA PARLENDA E ANOTE QUANTAS SÃO.

_____

LER E ESCREVER PARA...
CONTAR E FANTASIAR

VOCÊ ACHA QUE PAPAGAIO FALA? SABIA QUE UMA LENDA INDÍGENA EXPLICA ESSA CARACTERÍSTICA DO PAPAGAIO? PARA CONHECER A EXPLICAÇÃO, OUÇA A LENDA QUE O PROFESSOR VAI LER.

[...]
NÃO SE ASSUSTE, MEU LEITOR,
NEM DESPREZE A POESIA;
É QUE A VOZ DO PAPAGAIO
NO PASSADO NÃO EXISTIA,
AFINAL, LENDAS MISTURAM
O REAL COM A FANTASIA.

O MENINO ERA GULOSO
E COMIA SEM PARAR;
ADORAVA ENGOLIR,
SEM AO MENOS MASTIGAR,
O QUE VISSE PELA FRENTE
PARA A FOME SACIAR.

CERTO DIA COM A MÃE
À FLORESTA CAMINHOU;
DE UMA BELA MANGABEIRA
MUITAS FRUTAS RETIROU,
E AO VOLTAR PRA SUA CASA,
A MÃE NA BRASA AS ASSOU.
[...]

SEM PENSAR QUE ESTAVAM QUENTES,
UMA A UMA RETIROU,
JOGOU AS FRUTAS NA BOCA,
ENGOLIU, NEM MASTIGOU...
E VOCÊ, CARO LEITOR,
ADIVINHA O QUE PASSOU?

[...]

TENTOU CUSPIR AS MANGABAS,
PORÉM NADA CONSEGUIU,
A GARGANTA FOI FECHANDO
COM AQUILO QUE ENGOLIU...
CRÁ, CRÁ, CRÁ, CRÁ, CRÁ, CRÁ, CRÁ!
FOI O SOM QUE LÁ SURGIU.

[...]

O MENINO TRANSFORMOU-SE
EM UM BICHO VAIDOSO,
BATEU ASAS, MAS DEIXOU-NOS
UM PRESENTE VALIOSO;
PAPAGAIO HOJE FALA
PORQUE UM DIA FOI GULOSO.

CÉSAR OBEID. *CORDELENDAS: HISTÓRIAS INDÍGENAS EM CORDEL.*
SÃO PAULO: EDITORA DO BRASIL, 2014.

LENDAS SÃO NARRATIVAS FANTASIOSAS QUE EXPLICAM FATOS OU ACONTECIMENTOS. EXISTEM MUITAS LENDAS INDÍGENAS QUE EXPLICAM, POR EXEMPLO, A ORIGEM DE ELEMENTOS DA NATUREZA, COMO O SOL, A LUA E OS ANIMAIS.

PARA IR MAIS LONGE

LIVRO

- A LENDA COMPLETA ESTÁ NO LIVRO *CORDELENDAS: HISTÓRIAS INDÍGENAS EM CORDEL*, DE CÉSAR OBEID. SÃO PAULO: EDITORA DO BRASIL, 2014.

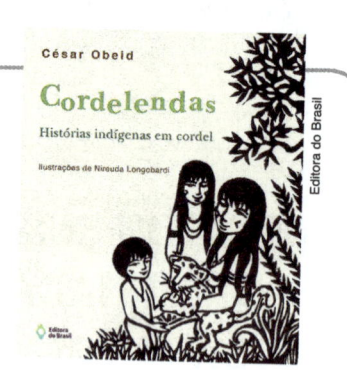

PRODUÇÃO ORAL

COM OS COLEGAS, CRIE UMA LENDA PARA EXPLICAR POR QUE O CAMALEÃO MUDA DE COR. JUNTOS, USEM A IMAGINAÇÃO PARA CONTAR ESSA HISTÓRIA.

▶ CAMALEÃO-PANTERA DORMINDO.

ATIVIDADES

1 LEIA A PALAVRA E PINTE, DE **VERMELHO**, AS VOGAIS E, DE **VERDE**, AS CONSOANTES.

PAPAGAIO

A) QUANTAS LETRAS TEM A PALAVRA? ☐

B) QUANTAS VOGAIS? ☐

C) QUANTAS CONSOANTES? ☐

D) QUAL CONSOANTE APARECE MAIS DE UMA VEZ?
_____

2 REESCREVA AS SÍLABAS COM LETRA CURSIVA.

| Pa | Pe | Pi | Po | Pu |

| pa | pe | pi | po | pu |

3 LEIA AS PALAVRAS DO QUADRO E CIRCULE AS SÍLABAS **PA**, **PE**, **PI**, **PO**, **PU**.

PIA   POTE   PELO   PAPO
PULO PIPA   COPO   PACA

4 ORGANIZE AS SÍLABAS PARA FORMAR UMA PALAVRA ESCREVENDO CADA SÍLABA EM UM QUADRADINHO.

PA — GAI — O — PA

☐ — ☐ — ☐ — ☐

5 LEIA AS PALAVRAS DO QUADRO E SIGA AS INSTRUÇÕES.

TROQUE A VOGAL MARCADA	PELA VOGAL	ESCREVA A NOVA PALAVRA
P**A**PA	I	
PAP**A**	O	

6 DITADO ILUSTRADO.

ESCREVA AS PALAVRAS QUE REPRESENTAM CADA IMAGEM.

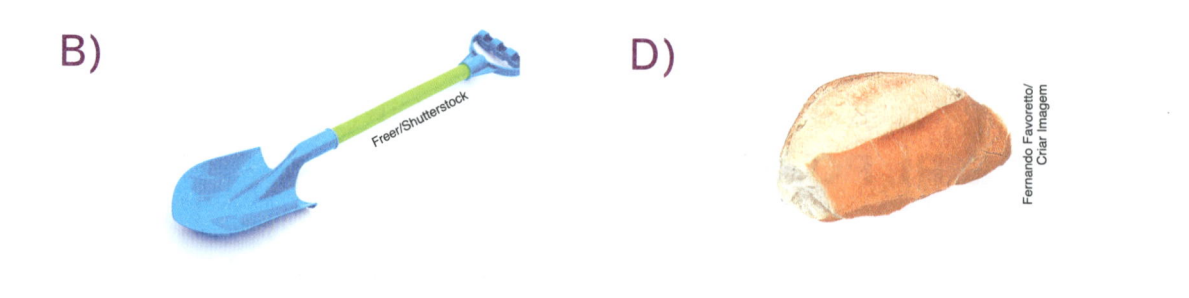

A)

B)

C)

D)

CONVERSANDO TAMBÉM SE APRENDE

1 NA PARLENDA QUE VOCÊ LEU, O PAPAGAIO LOURO DO BICO DOURADO DEVE LEVAR UM **RECADO**.

A) O QUE É UM RECADO?

B) EM SUA OPINIÃO, O RECADO SERVE PARA QUÊ?

PRODUÇÃO DE TEXTO

▸ BILHETE

MENSAGENS TAMBÉM PODEM SER PASSADAS POR ESCRITO, EM FORMA DE **BILHETE**. OBSERVE O EXEMPLO DE BILHETE QUE UMA MÃE ESCREVEU PARA A FILHA. ACOMPANHE ENQUANTO O PROFESSOR O LÊ.

> 10/1/2016
> Oi, filha!
> Fui comprar leite. Volto logo.
> Beijos,
> Mamãe

BILHETE É UMA MENSAGEM BREVE, CURTA, ESCRITA COM POUCAS PALAVRAS.

O BILHETE APRESENTA:

- **DATA** – DEVE ESTAR NO INÍCIO DO BILHETE;
- **SAUDAÇÃO** – DEVE ESTAR APÓS A DATA, AO LADO DO NOME PARA QUEM O BILHETE ESTÁ SENDO ESCRITO, OU SEJA, AO LADO DO NOME DO **DESTINATÁRIO**;
- **MENSAGEM** – AQUILO QUE SERÁ INFORMADO AO DESTINATÁRIO. A MENSAGEM DEVE SER BREVE, OBJETIVA;
- **DESPEDIDA** – DEVE VIR APÓS A MENSAGEM;
- **NOME DO REMETENTE** (NOME DE QUEM ESCREVEU O BILHETE) – APARECE ABAIXO DA DESPEDIDA.

1 VOCÊ JÁ CONHECE AS PARTES DO BILHETE. AGORA, PINTE NO BILHETE AS PARTES QUE ELE DEVE APRESENTAR. SIGA A LEGENDA.

- 🟥 DATA
- 🟨 MENSAGEM
- 🟩 DESPEDIDA
- 🟧 SAUDAÇÃO E NOME DO DESTINATÁRIO
- 🟦 NOME DO REMETENTE

REVENDO O QUE VOCÊ APRENDEU

1 LIGUE CADA PALAVRA COM A EXPLICAÇÃO QUE LHE CORRESPONDE.

BILHETE

É UMA NARRATIVA QUE TENTA EXPLICAR FATOS OU ACONTECIMENTOS **E FENÔMENOS DA NATUREZA MISTURANDO REALIDADE E FANTASIA**.

LENDA

É UMA COMUNICAÇÃO SIMPLES COM APENAS A MENSAGEM QUE SE PRETENDE PASSAR E CONTÉM: **DATA, SAUDAÇÃO, NOME DO DESTINATÁRIO, MENSAGEM, DESPEDIDA E NOME DO REMETENTE**.

2 ORGANIZE AS PALAVRAS DO QUADRO NAS COLUNAS ADEQUADAS, INDICANDO SE AS SÍLABAS **PA**, **PE**, **PI**, **PO**, **PU** APARECEM NO INÍCIO, NO MEIO OU NO FIM DA PALAVRA.

PACOTE   SAPECA   PENA   RAPOSA
PULO   CAPA   APITO   JIPE   COPO

PA, PE, PI, PO, PU		
NO INÍCIO DE PALAVRA	NO MEIO DE PALAVRA	NO FIM DE PALAVRA

CAPÍTULO 2

Mm

MACACO
macaco

ABCDEFGHIJKL**M**NOPQRSTUVWXYZ
abcdefghijkl**m**nopqrstuvwxyz

DIÁLOGO INICIAL

1 OBSERVE A IMAGEM E DEPOIS FAÇA O QUE SE PEDE.

▶ MACACO E GATO EM DEMONSTRAÇÃO DE AFETO.

2 NA FOTOGRAFIA, MARQUE COM UM **X** O ANIMAL CUJO NOME COMEÇA COM A LETRA **M**.

3 DIGA UMA PALAVRA QUE INDIQUE OUTRO ANIMAL E QUE TAMBÉM COMECE COM A CONSOANTE **M**.

4 A FOTOGRAFIA TRANSMITE A SENSAÇÃO DE:

A) ☐ MEDO;   B) ☐ SUSTO;   C) ☐ CARINHO.

LER E ESCREVER PARA...

RECITAR E BRINCAR

1 LEIA A PARLENDA COM O PROFESSOR.

MEIO-DIA
MACACO ASSOBIA
PANELA NO FOGO
BARRIGA VAZIA.

PARLENDA.

2 NA PARLENDA, AS PALAVRAS **ASSOBIA** E **VAZIA** RIMAM. DIGA OUTRAS PALAVRAS QUE PODEM RIMAR COM ELAS.

ATIVIDADES

1 REESCREVA AS SÍLABAS COM LETRA CURSIVA.

Ma	Me	Mi	Mo	Mu
ma	me	mi	mo	mu

2 OS NOMES DAS FIGURAS ABAIXO TÊM UMA PARTE IGUAL. QUAL É? _____

A) _____LA

B) CA_____

C) _____MÃO

3 LEIA AS PALAVRAS E REESCREVA COM LETRA CURSIVA APENAS AS INDICADAS.

> MAPA PAPO DIA PÉ MEIO UMA
> MEIA EMA MIMO MEU MIA MAMÃE

Mapa
_____

Pia
_____

Mimo
_____

Pé
_____

4 JUNTE AS SÍLABAS DA MESMA COR E FORME PALAVRAS. DEPOIS, ESCREVA-AS NO CADERNO.

MI	PA	PA	PI	MA
PA	PA	MO	PÃO	PO

PRODUÇÃO DE TEXTO

❯ REESCRITA DE PARLENDA

1 LEIA OS VERSOS DA PARLENDA COM O PROFESSOR.

> VOCÊ DIZ QUE SABE MUITO,
> O MACACO SABE MAIS!
> ANDA DE PERNAS PRA CIMA,
> COISA QUE VOCÊ NÃO FAZ!
>
> PARLENDA.

2 COM OS COLEGAS, BRINQUE DE RECRIAR A PARLENDA. SUBSTITUAM O MACACO POR OUTRO ANIMAL E ESCREVAM NO CADERNO O QUE ELE FAZ.

BRINCAR E APRENDER

COM SEUS COLEGAS E PROFESSOR, BRINQUE DE **O MACACO MANDOU**.

LEIA COM O PROFESSOR AS REGRAS DA BRINCADEIRA.

REGRAS PARA BRINCAR

A) O GRUPO DEFINE QUEM SERÁ O MESTRE, QUE VAI COMANDAR A BRINCADEIRA.
B) ELE DIZ: "O MACACO MANDOU!"
C) TODOS PERGUNTAM: "FAZER O QUÊ?"
D) ELE INVENTA TAREFAS PARA O GRUPO: PULAR NUMA PERNA SÓ, BUSCAR UM LÁPIS VERMELHO, ACHAR UMA FLOR ETC. E TODOS DEVEM OBEDECER.
E) QUEM NÃO CONSEGUIR FICA UMA RODADA SEM BRINCAR.

VALORES E VIVÊNCIAS

RESPEITAR AS REGRAS É MUITO IMPORTANTE PARA BRINCAR E, PRINCIPALMENTE, PARA VIVER EM SOCIEDADE.

REVENDO O QUE VOCÊ APRENDEU

1 COLOQUE **C** PARA O QUE ESTIVER CERTO E **E** PARA O QUE ESTIVER ERRADO.

A) ☐ AS SÍLABAS **MA**, **ME**, **MI**, **MO** PODEM APARECER NO INÍCIO, NO MEIO OU NO FINAL DAS PALAVRAS.

B) ☐ A SÍLABA **MU** SÓ APARECE NO INÍCIO E NO MEIO DAS PALAVRAS.

C) ☐ LISTA É UM TEXTO EM QUE ESCREVEMOS UMA PALAVRA ABAIXO DA OUTRA.

D) ☐ A FUNÇÃO DA LISTA É AUXILIAR O LEITOR A LEMBRAR ATIVIDADES QUE QUER OU DEVE FAZER OU AQUILO QUE VAI COMPRAR, POR EXEMPLO.

2 ESCREVA UMA LISTA DE PALAVRAS COM DUAS SÍLABAS QUE TERMINEM COM **MA**.

_____   _____

_____   _____

_____   _____

_____   _____

_____   _____

CAPÍTULO 3

Vv
VACA
vaca

A B C D E F G H I J K L M N O P Q R S T U **V** W X Y Z
a b c d e f g h i j k l m n o p q r s t u **v** w x y z

DIÁLOGO INICIAL

1 OBSERVE A REPRODUÇÃO DE UMA OBRA DE ARTE.

▶ CARLA RAMIRES. *VACA*, PROJETO DELEITE, 2011. ACRÍLICA E PASTEL SOBRE TELA.

2 QUAL ANIMAL APARECE NA OBRA?

3 VOCÊ CONHECE OUTROS ANIMAIS CUJOS NOMES COMECEM COM A LETRA **V**?

LER E ESCREVER PARA...

RECITAR

1 LEIA O POEMA COM O PROFESSOR.

POEMA PRA BOI DORMIR
FAZ DORMIR A VACA TAMBÉM
RONCAR O NENÉM
COCHILAR O MAR.

PESTANEJAR.

MESMO QUEM NÃO É BOI
NEM VACA
NEM NENÉM
NEM MAR.

ALMIR CORREIA. PRA BOI DORMIR. IN: *POEMAS MALANDRINHOS*. SÃO PAULO: FORMATO, 2009. P. 4.

VOCABULÁRIO

PESTANEJAR: MOVER OS CÍLIOS RAPIDAMENTE, ABRINDO E FECHANDO OS OLHOS.

2 RESPONDA:

A) QUANTOS VERSOS O POEMA TEM? _____

B) QUANTAS PALAVRAS HÁ NO PRIMEIRO VERSO? _____

3 RESPONDA ORALMENTE.

NO POEMA, AS PALAVRAS **COCHILAR**, **RONCAR**, **MAR** E **PESTANEJAR** RIMAM E PODEM RIMAR COM OUTRAS. DIGA TRÊS PALAVRAS QUE RIMEM COM ELAS.

ATIVIDADES

1 REESCREVA COM LETRA CURSIVA.

Va   Ve   Vi   Vo   Vu

va   ve   vi   vo   vu

2 OBSERVE AS ILUSTRAÇÕES, COMPLETE COM **VA**, **VE**, **VI**, **VO**, **VU** E FORME A PALAVRA QUE CORRESPONDE A CADA UMA DELAS.

A) U _____   B) LU _____   C) A _____   D) _____ LA

3 OBSERVE AS ILUSTRAÇÕES E EM SEGUIDA LEIA AS PALAVRAS DO QUADRO. CIRCULE AS PALAVRAS QUE CORRESPONDEM ÀS ILUSTRAÇÕES.

| VACA | PAVIO | OVO | UVA | PAVÃO |
| AVE | VOVÓ | VOVÔ | PIÃO | AVIÃO |

4 OBSERVE AS ILUSTRAÇÕES. DEPOIS LEIA A DUPLA DE PALAVRAS E CIRCULE A QUE CORRESPONDE A CADA ILUSTRAÇÃO.

A)	B)
PAVÃO AVIÃO	AVIÃO AVE

5 FORME DUPLAS DE PALAVRAS ESCREVENDO UMA SÍLABA EM CADA QUADRADINHO QUE CORRESPONDE ÀS ILUSTRAÇÕES.

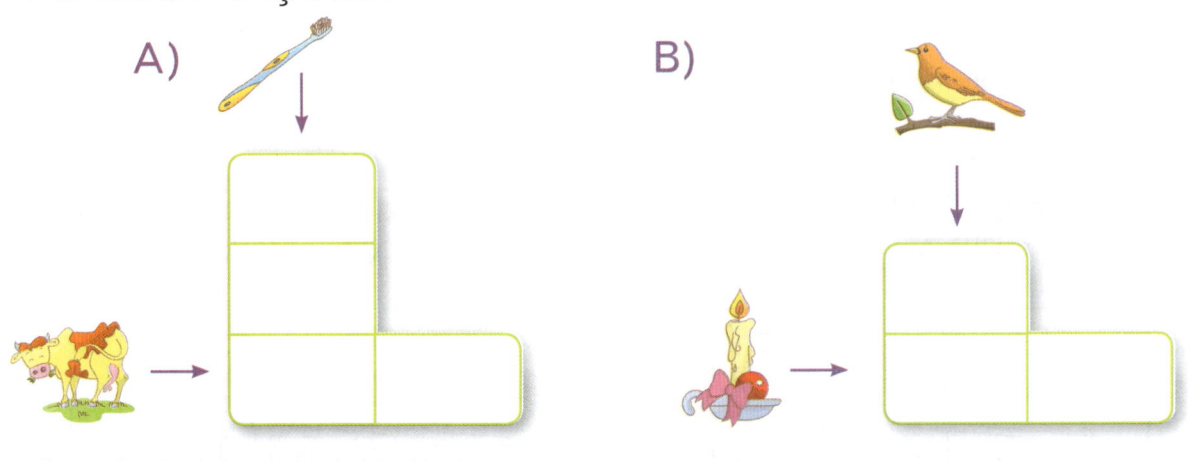

A)

B)

CONVERSANDO TAMBÉM SE APRENDE

O VERSO "POEMA PRA BOI DORMIR" É BASEADO NA EXPRESSÃO POPULAR "CONVERSA PRA BOI DORMIR", QUE QUER DIZER: "CONVERSA FIADA, MENTIRA".

NO DIA A DIA, É COMUM EMPREGARMOS EXPRESSÕES POPULARES. CONVERSE COM O PROFESSOR E OS COLEGAS SOBRE O SIGNIFICADO DE ALGUMAS DELAS.

1 O QUE QUEREM DIZER AS EXPRESSÕES POPULARES ABAIXO? SERÁ QUE É O QUE MOSTRAM AS ILUSTRAÇÕES?

A) PAPO-FURADO

B) FALAR PELOS COTOVELOS

BRINCAR E APRENDER

1 AS DUAS CENAS ABAIXO SÃO PARECIDAS. COMPARE-AS E MARQUE NA SEGUNDA **TRÊS** DIFERENÇAS EM RELAÇÃO À PRIMEIRA. EM SEGUIDA, PINTE AS CENAS COMO PREFERIR.

REVENDO O QUE VOCÊ APRENDEU

1 LEIA AS PALAVRAS DO QUADRO E ESCREVA-AS NA COLUNA ADEQUADA.

VELA   VALA   CAVALO   CAVA
ESCOVA   AVE   AVIÃO   OVO

SÍLABAS INICIADAS COM V NO INÍCIO DE PALAVRA	SÍLABAS INICIADAS COM V NO MEIO DE PALAVRA	SÍLABAS INICIADAS COM V NO FINAL DE PALAVRA

2 DESENHE OS ANIMAIS QUE APARECEM NA ATIVIDADE ANTERIOR.

CAPÍTULO 4

Dd

DINOSSAURO
dinossauro

A B C **D** E F G H I J K L M N O P Q R S T U V W X Y Z
a b c **d** e f g h i j k l m n o p q r s t u v w x y z

DIÁLOGO INICIAL

1 QUE ANIMAIS APARECEM NA ILUSTRAÇÃO?

2 COM QUAL LETRA SE INICIA O NOME DESTES ANIMAIS?

3 VOCÊ CONHECE OUTRAS PALAVRAS QUE COMECEM COM A MESMA LETRA? DIGA AO PROFESSOR PARA QUE ELE AS ESCREVA NA LOUSA.

LER E ESCREVER PARA...

SE DIVERTIR

1 LEIA A TIRA COM O PROFESSOR.

TIRA DO HORÁCIO, DE MAURICIO DE SOUSA.

2 RESPONDA ÀS QUESTÕES DE ACORDO COM A TIRINHA.

A) O QUE O DINOSSAURO GRANDE ESTÁ TENTANDO FAZER?

☐ ENSINAR AO HORÁCIO A DANÇA DOS DINOSSAUROS.

☐ ENSINAR AO HORÁCIO O SOM QUE OS DINOSSAUROS FAZEM.

B) O OUTRO DINOSSAURO PEQUENO ESTÁ ENTENDENDO O QUE ACONTECE NA CENA? POR QUE VOCÊ CONCLUIU ISSO?

☐ SIM, PORQUE ELE PARECE ESTAR CONCORDANDO COM O DINOSSAURO GRANDE.

☐ NÃO, PORQUE APARECEM PONTOS DE INTERROGAÇÃO NOS BALÕES SOBRE SUA CABEÇA.

3 RESPONDA ORALMENTE:

A) SE NÃO HOUVESSE DESENHOS NAS TIRAS, O LEITOR ENTENDERIA A HISTÓRIA?

B) VOCÊ ACHA QUE AINDA EXISTEM DINOSSAUROS?

BAÚ DE INFORMAÇÕES

O QUE VOCÊ SABE SOBRE OS DINOSSAUROS?

ESSES ANIMAIS HABITARAM A TERRA ENTRE 208 E 144 MILHÕES DE ANOS ATRÁS.

O MAIOR DINOSSAURO QUE JÁ EXISTIU FOI O **SISMOSSAURO**. ELE MEDIA 36 METROS E PESAVA 51 TONELADAS.

ACREDITA-SE QUE O DESAPARECIMENTO DOS DINOSSAUROS SE DEU PELO CHOQUE DE UM ASTEROIDE CONTRA A TERRA. AO SE CHOCAR COM O PLANETA, O ASTEROIDE FORMOU UMA IMENSA CAMADA DE PÓ E GASES QUE IMPEDIU A PASSAGEM DA LUZ SOLAR DURANTE ANOS, O QUE ACABOU COM QUASE TODA A VIDA EXISTENTE NA TERRA.

1 DE ACORDO COM O TEXTO, ESCREVA **V** NAS FRASES VERDADEIRAS E **F** NAS FALSAS.

A) ☐ O MAIOR DINOSSAURO QUE JÁ EXISTIU ERA BEM PELUDO.

B) ☐ O DESAPARECIMENTO DOS DINOSSAUROS FOI PROVOCADO PELA QUEDA DE UM ASTEROIDE.

C) ☐ QUEDA DO ASTEROIDE IMPEDIU A PASSAGEM DA LUZ SOLAR DURANTE MUITOS ANOS.

CONVERSANDO TAMBÉM SE APRENDE

1 PENSE NOS DOIS TEXTOS SOBRE DINOSSAUROS – O DA TIRINHA E O DA SEÇÃO **BAÚ DE INFORMAÇÕES**. QUAL DELES É UM TEXTO INFORMATIVO? JUSTIFIQUE SUA RESPOSTA.

ATIVIDADES

1 OBSERVE AS ILUSTRAÇÕES E PINTE AQUELAS CUJO NOME COMEÇA COM A LETRA **D**.

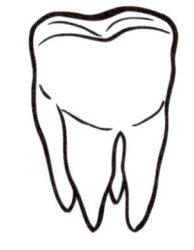

A)

B)

C)

D)

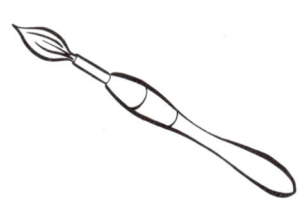

2 REESCREVA AS SÍLABAS COM LETRA CURSIVA.

DA	DE	DI	DO	DU

da	de	di	do	du

3 LEIA AS PALAVRAS E LIGUE-AS À ILUSTRAÇÃO QUE LHES CORRESPONDE.

A) MOEDA   B) DADO   C) CADEADO

4 ESCREVA AS PALAVRAS A SEGUIR COM LETRA CURSIVA.

dedo   medo   idade   dia

5 LEIA AS PALAVRAS DO QUADRO E COPIE-AS NA COLUNA ADEQUADA.

PAPAI   MAMÃE   UVA   PATO
DAVI   PAVÃO   IVO   OVO

NOMES DE PESSOA	MEMBROS DA FAMÍLIA	COMIDAS	ANIMAIS

PRODUÇÃO DE TEXTO

TEXTO INFORMATIVO

COM OS COLEGAS, REESCREVA O TEXTO INFORMATIVO SOBRE DINOSSAUROS. JUNTOS, DITEM O TEXTO PARA O PROFESSOR. ELE VAI ESCREVER NA LOUSA.

PARA ESCREVER O TEXTO COLETIVO, SIGA AS ORIENTAÇÕES QUE O PROFESSOR VAI LER.

ORIENTAÇÕES PARA A REESCRITA

1. COM OS COLEGAS, RELEMBRE AS INFORMAÇÕES FORNECIDAS PELO TEXTO E A ORDEM EM QUE SÃO APRESENTADAS.
2. JUNTOS, DITEM PARA O PROFESSOR AS INFORMAÇÕES COMO APARECEM NO TEXTO.
3. DITEM ALGUMAS FRASES, PAREM E AGUARDEM O PROFESSOR LER O QUE JÁ FOI ESCRITO. ASSIM VOCÊS PODERÃO VERIFICAR SE O TEXTO ESTÁ BOM OU PRECISA SER ALTERADO, E SE DEVE SER ACRESCENTADA ALGUMA PALAVRA OU FRASE. SE HOUVER NECESSIDADE DE ALTERAÇÃO OU ACRÉSCIMO, DIGAM AO PROFESSOR O QUE DEVE SER REESCRITO.
4. CONTINUEM DITANDO E INTERROMPENDO O DITADO ATÉ O TEXTO FICAR COMPLETO.
5. APÓS TERMINAREM, PEÇAM AO PROFESSOR QUE LEIA O TEXTO.

REVENDO O QUE VOCÊ APRENDEU

1 PINTE O QUADRADINHO DAS FRASES QUE ESTÃO CORRETAS.

A) ☐ OS TEXTOS INFORMATIVOS DÃO INFORMAÇÕES SOBRE O ASSUNTO.

B) ☐ OS TEXTOS INFORMATIVOS SÃO DIFERENTES DAS FÁBULAS, POEMAS, QUADRINHAS, BILHETES, TIRINHAS E HISTÓRIAS EM QUADRINHOS.

C) ☐ NOS TEXTOS INFORMATIVOS, O LEITOR LÊ HISTÓRIAS INVENTADAS.

2 ESCREVA TRÊS PALAVRAS QUE COMECEM COM **DA**, **DE**, **DI**, **DO** OU **DU**.

_____
_____
_____

3 LEIA AS PALAVRAS E CIRCULE AQUELA QUE CORRESPONDE A CADA ILUSTRAÇÃO.

A)
- CEDO
- DOCE
- MEDO
- DOCA

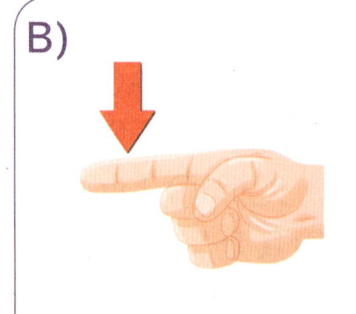

B)
- DEDO
- CEDO
- SEDE
- DADO

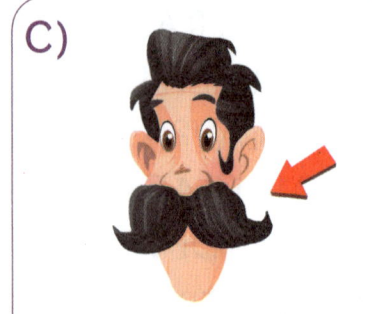

C)
- SACODE
- PAGODE
- BIGODE
- RECADO

CAPÍTULO 5

Nn
NAJA
naja

A B C D E F G H I J K L M **N** O P Q R S T U V W X Y Z
a b c d e f g h i j k l m **n** o p q r s t u v w x y z

DIÁLOGO INICIAL

1 OBSERVE AS ILUSTRAÇÕES E RESPONDA ÀS PERGUNTAS ORALMENTE.

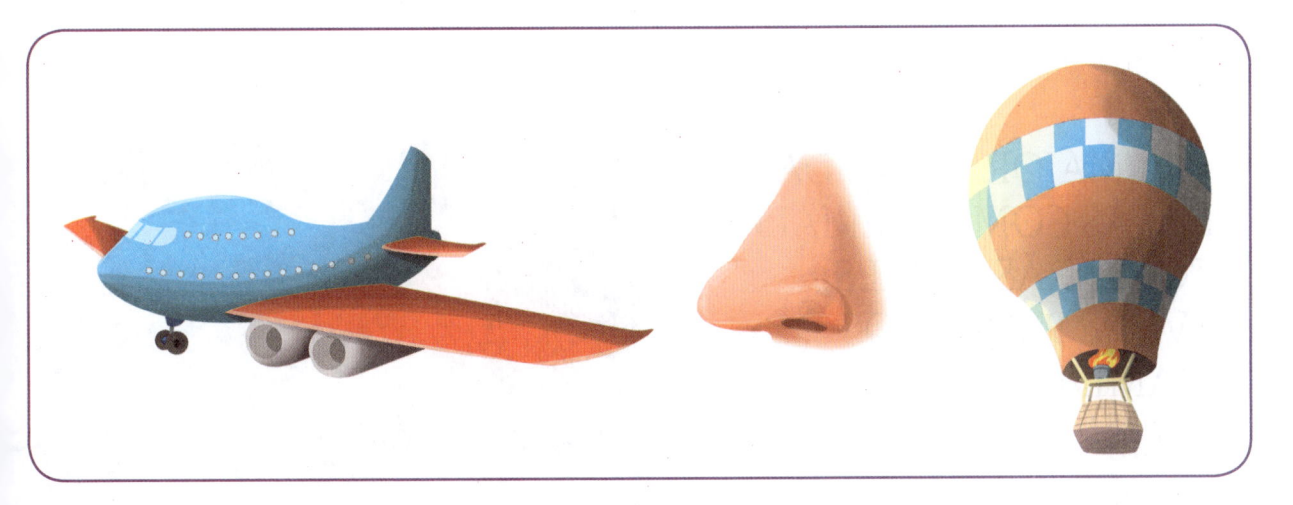

2 DIGA O NOME DE CADA OBJETO DESENHADO.

3 QUAL DELES COMEÇA COM A MESMA LETRA QUE A PALAVRA **NAJA**?

4 ESCREVA A PALAVRA **NAJA** USANDO AS LETRAS MÓVEIS.

5 A PALAVRA **NAJA** É FORMADA POR QUANTAS LETRAS?

6 VOCÊ ACHA QUE TODAS AS COBRAS SÃO IGUAIS? JUSTIFIQUE SUA RESPOSTA.

LER E ESCREVER PARA...

INFORMAR

1 LEIA O TEXTO COM O PROFESSOR.

NAJA

A NAJA É UMA COBRA VENENOSA MUITO FAMOSA. ELA TEM UM PESCOÇO LARGO, QUE **INFLA** E FICA AINDA MAIOR QUANDO ELA ESTÁ NERVOSA.

[...]

A MAIOR PARTE DAS NAJAS COME ANIMAIS COMO RÃS, PEIXES, AVES E PEQUENOS MAMÍFEROS.

[...]

OS OVOS DAS NAJAS DEMORAM MAIS OU MENOS 60 DIAS PARA CHOCAR. NESSE TEMPO, OS PAIS FICAM PROTEGENDO OS OVOS. OS FILHOTES SÃO MINIATURAS DOS PAIS, SAEM DOS OVOS EXPERIMENTANDO O AR COM A LÍNGUA E TAMBÉM SÃO VENENOSOS.

▶ PARTE DE TRÁS DA COBRA COM DESENHO QUE PARECE UM PAR DE ÓCULOS, UMA DE SUAS DIFERENÇAS EM RELAÇÃO A OUTRAS ESPÉCIES.

DISPONÍVEL EM: <www.klickeducacao.com.br/dicbichos/dicbichosdisplay/0,6590,uno-35-,00.html>. ACESSO EM: MAIO 2015.

VOCABULÁRIO

INFLAR: INCHAR.

> AS **LEGENDAS** SÃO USADAS PARA DAR INFORMAÇÕES SOBRE FOTOGRAFIAS E ILUSTRAÇÕES.

LEGENDA É UM TEXTO DISPOSTO GERALMENTE ABAIXO OU AO LADO DE FOTOGRAFIAS E ILUSTRAÇÕES. ELA EXPLICA, COMENTA OU FORNECE MAIS INFORMAÇÕES SOBRE A IMAGEM, POR EXEMPLO, DEFININDO QUEM OU O QUE ESTÁ ALI E A QUE SE REFERE. O OBJETIVO É ESCLARECER AO LEITOR O QUE HÁ NA IMAGEM.

2 DE ACORDO COM O TEXTO, FAÇA O QUE SE PEDE.

A) A NAJA É UMA COBRA:
- ☐ VAGAROSA.
- ☐ VENENOSA.
- ☐ CHEIROSA.

B) O QUE AS NAJAS ADULTAS FAZEM COM SEUS OVOS?

_____

_____

3 DE ACORDO COM O TEXTO SOBRE A NAJA, RESPONDA ORALMENTE.

A) DO QUE AS NAJAS SE ALIMENTAM?

B) OS OVOS DAS NAJAS DEMORAM QUANTO TEMPO PARA CHOCAR?

C) COMO É POSSÍVEL DIFERENCIAR A NAJA DAS OUTRAS COBRAS, SEGUNDO A LEGENDA DA FOTOGRAFIA?

4 MARQUE UM **X** NA ALTERNATIVA CORRETA.

A) A LEITURA DESSE TEXTO POSSIBILITA AO LEITOR:

☐ DIVERTIR-SE.

☐ CONHECER UMA HISTÓRIA EM QUE A NAJA É PERSONAGEM.

☐ OBTER INFORMAÇÕES SOBRE A NAJA.

B) ESSE TEXTO É CLASSIFICADO COMO:

☐ BILHETE.

☐ POEMA.

☐ INFORMATIVO.

5 ESSE TEXTO É DIFERENTE DE UM POEMA. LEIA AS FRASES E NUMERE-AS DE ACORDO COM A LEGENDA.

1. TEXTO INFORMATIVO   **2.** POEMA

A) ☐ O TEXTO MUITAS VEZES APRESENTA RIMA.

B) ☐ O TEXTO NÃO APRESENTA RIMA.

C) ☐ O TEXTO NÃO É ORGANIZADO EM VERSOS.

D) ☐ O TEXTO É ORGANIZADO EM VERSOS.

ATIVIDADES

1 REESCREVA AS SÍLABAS COM LETRA CURSIVA.

Na	Ne	Ni	No	Nu

na	ne	ni	no	nu

2 OBSERVE AS ILUSTRAÇÕES E COMPLETE COM **NA**, **NE**, **NI**, **NO** OU **NU** AS PALAVRAS QUE CORRESPONDEM A ELAS.

A) _____VIO

B) _____VE

C) ME_____NA

3 REESCREVA A FRASE A SEGUIR COM LETRA CURSIVA.

Meu nome é Nina.

4 OBSERVE AS ILUSTRAÇÕES, LEIA AS PALAVRAS E CIRCULE A PALAVRA QUE INDICA CADA ILUSTRAÇÃO.

A)
- NUVEM
- NEVE
- NAVE

B)
- BOTA
- BONÉ
- BOLA

C)
- NOVELO
- NOVELA
- NOVENTA

5 LEIA AS PALAVRAS E CIRCULE OS NOMES DE PESSOAS.

| PINO | NAVIO | NÓ | PENA | NEIVA | NOIVA |
| PIANO | NINA | NOME | ANA | NÃO | MENINA |

6 NUMERE AS PALAVRAS NA ORDEM EM QUE O PROFESSOR DITAR.

A) ( ) NOVE   C) ( ) NAVE   E) ( ) PIANO   G) ( ) NOIVA
B) ( ) DONA   D) ( ) POMADA   F) ( ) NADA   H) ( ) PANO

7 LEIA A CANTIGA COM O PROFESSOR. DEPOIS RESPONDA ÀS QUESTÕES ORALMENTE.

> O NAVIO NAVEGA
> NAS ONDAS DO MAR.
> A CANOA VIROU,
> E EU NÃO SEI NADAR.
>
> QUADRINHA.

A) O QUE NAVEGA NAS ONDAS DO MAR? _____

B) O QUE VIROU? _____

PRODUÇÃO DE TEXTO

≫ TIRA

1 LEIA A TIRA COM O PROFESSOR.

TIRA DA TURMA DA MÔNICA, DE MAURICIO DE SOUSA.

2 AGORA DITE, PARA ELE ESCREVER NA LOUSA, UMA FRASE PARA DESCREVER CADA QUADRINHO DA TIRA LIDA.

REVENDO O QUE VOCÊ APRENDEU

1 MARQUE COM **X** AS FRASES CORRETAS.

A) ☐ LEGENDA É UM TEXTO DISPOSTO ABAIXO OU AO LADO DE FOTOGRAFIAS OU ILUSTRAÇÕES.

B) ☐ A LEGENDA EXPLICA, COMENTA OU FORNECE MAIS INFORMAÇÕES SOBRE A IMAGEM.

2 ESCREVA QUATRO PALAVRAS COM SÍLABAS DO GRUPO **NA**, **NE**, **NI**, **NO**, **NU**.

_____
_____
_____
_____

CAPÍTULO 6

Rr

RATO
rato

A B C D E F G H I J K L M N O P Q **R** S T U V W X Y Z
a b c d e f g h i j k l m n o p q **r** s t u v w x y z

DIÁLOGO INICIAL

1 LEIA O POEMA COM O PROFESSOR.

A CASA DE DONA RATA

NA CASA DE DONA RATA,
TEM UMA ENORME GOTEIRA.
QUANDO CHOVE,
NINGUÉM DORME, ACORDADO,
A NOITE INTEIRA.

A GOTEIRA É TÃO GRANDE
QUE MOLHA A SALA E A COZINHA,
QUARTO, BANHEIRO, DESPENSA
E MAIS DE VINTE RATINHAS.
[...]

SÉRGIO CAPPARELLI. A CASA DE DONA RATA. IN: *BOI DA CARA PRETA*. 27. ED. PORTO ALEGRE: L&PM, 1998.

2 NESSE POEMA, QUAIS PALAVRAS INDICAM UM ANIMAL QUE COMEÇA COM A LETRA **R**?

LER E ESCREVER PARA...

BRINCAR

1 COM O PROFESSOR, LEIA O TRAVA-LÍNGUA EM VOZ ALTA. DEPOIS DA LEITURA, REPITA-O RAPIDAMENTE TRÊS VEZES SEM ERRAR. A BRINCADEIRA VAI SER DIVERTIDA!

O RATO ROEU A ROUPA,
O REMO E A REDE DO REI.
O REI RIU DO RATO
E O RATO RIU DO REI.

TRAVA-LÍNGUAS.

O DESAFIO DO TRAVA-LÍNGUA É FALAR BEM RÁPIDO E, MESMO ASSIM, NÃO ERRAR A PRONÚNCIA DAS PALAVRAS.

O **TRAVA-LÍNGUA** É UM TEXTO COM PALAVRAS DIFÍCEIS DE SEREM PRONUNCIADAS. POR ISSO, A BRINCADEIRA CONSISTE EM FALAR O TEXTO BEM RÁPIDO E SEM ERRAR.

2 AGORA QUE VOCÊ JÁ BRINCOU, FAÇA O QUE SE PEDE.

A) QUAL CONSOANTE MAIS SE REPETE NESSE TRAVA-LÍNGUA? _____

B) SUBLINHE AS PALAVRAS QUE COMEÇAM COM ESSA CONSOANTE.

C) QUANTAS VEZES A PALAVRA **RATO** APARECE NO TRAVA-LÍNGUA? CIRCULE-A E ANOTE A QUANTIDADE.

_____

D) FOI FÁCIL REPETIR O TRAVA-LÍNGUA SEM ERRAR? EM SUA OPINIÃO, POR QUE ISSO ACONTECEU?

_____

E) MARQUE AS FRASES CORRETAS SOBRE O TRAVA-LÍNGUA:

◯ A MAIORIA DAS PALAVRAS COMEÇA COM A MESMA LETRA.

◯ HÁ PALAVRAS QUE SE REPETEM.

◯ NÃO HÁ PALAVRAS COM SÍLABAS DO GRUPO RA, RE, RI, RO, RU.

3 O QUE O RATO ROEU? CIRCULE AS ILUSTRAÇÕES DOS OBJETOS QUE FORAM ROÍDOS.

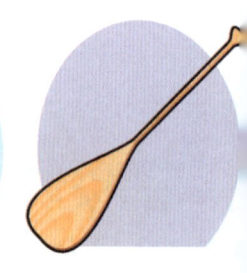

4 RELEIA O PRIMEIRO E O SEGUNDO VERSO DO TRAVA-LÍNGUA E CIRCULE AS PALAVRAS QUE CORRESPONDEM ÀS ILUSTRAÇÕES QUE VOCÊ CIRCULOU:

O RATO ROEU A ROUPA,

O REMO E A REDE DO REI.

5 FAÇA O QUE SE PEDE.

A) COPIE DO TRAVA-LÍNGUA AS PALAVRAS COM UMA LETRA. _____.

B) COPIE DO TRAVA-LÍNGUA A PALAVRA COM MAIS LETRAS. _____.

C) RELEIA O TERCEIRO VERSO E CIRCULE AS PALAVRAS COM ENCONTRO VOCÁLICO.

O REI RIU DO RATO

PARA IR MAIS LONGE

LIVRO

CONHEÇA OUTROS TRAVA-LÍNGUAS PARA BRINCAR.

▶ *ABC DO TRAVA-LÍNGUA.*
AUTORA: ROSINHA.
SÃO PAULO: EDITORA DO BRASIL, 2012.

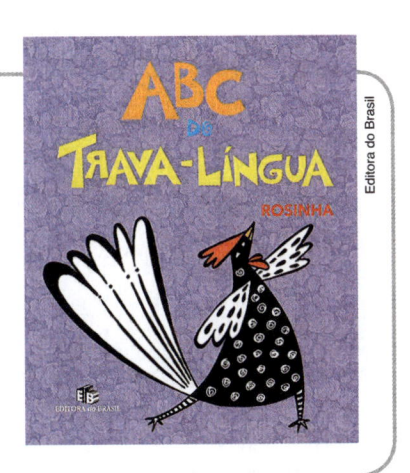

ATIVIDADES

1 LEIA O TRAVA-LÍNGUA, PINTE OS QUADRADINHOS E DEPOIS CONTE AS PALAVRAS DO PRIMEIRO VERSO.

O ☐ RATO ☐ ROEU ☐ A ☐ ROUPA, ☐
O ☐ REMO ☐ E ☐ A ☐ REDE ☐ DO ☐ REI. ☐
O ☐ REI ☐ RIU ☐ DO ☐ RATO ☐
E ☐ O ☐ RATO ☐ RIU ☐ DO ☐ REI. ☐

◆ O PRIMEIRO VERSO TEM ☐ PALAVRAS.

2 REESCREVA AS SÍLABAS COM LETRA CURSIVA.

| Ra | Re | Ri | Ro | Ru |

| ra | re | ri | ro | ru |

3 LEIA AS PALAVRAS E PINTE A LETRA **R** QUE HÁ EM CADA UMA DELAS.

O RATO ROEU A ROUPA DO REI DE ROMA.

4 PINTE AS PALAVRAS IGUAIS COM A MESMA COR.

RATO	roeu
REI	roupa
ROEU	rei
ROUPA	rato

5 COMPLETE AS PALAVRAS COM **RA**, **RE**, **RI**, **RO** OU **RU**, E, DEPOIS, SEPARE-AS EM SÍLABAS.

PALAVRA	SÍLABAS	
A) _____DIO		
B) _____DO		
C) _____A		
D) _____MO		
E) _____O		

6 NUMERE AS PALAVRAS NA ORDEM EM QUE O PROFESSOR DITAR E DEPOIS COPIE-AS COM LETRA CURSIVA MINÚSCULA.

A) ◯ RIO   C) ◯ REMÉDIO   E) ◯ REMO
B) ◯ RODA   D) ◯ RÁDIO   F) ◯ RISO

7 ORGANIZE AS PALAVRAS E FORME FRASES SEGUINDO A LEGENDA:

1   2   3

A) REMA | O | REI _____

B) MENINA | RIU | A _____

BRINCAR E APRENDER

1 ADIVINHE O QUE É E CIRCULE A RESPOSTA!

> **O QUE É, O QUE É?**
> ESTOU NO COMEÇO DA RUA,
> NO FIM DO MAR E NO MEIO DA CARA.
>
> ADIVINHA.

A) A LETRA **M**   B) A LETRA **U**   C) A LETRA **R**

REVENDO O QUE VOCÊ APRENDEU

1 LEIA A EXPLICAÇÃO:

> TIPO DE PARLENDA. AS PALAVRAS SÃO DIFÍCEIS DE PRONUNCIAR. POR ISSO, A BRINCADEIRA CONSISTE EM FALAR O TEXTO BEM RÁPIDO E SEM ERRAR.

AGORA ESCOLHA A NUMERAÇÃO CORRETA PARA CLASSIFICAR ESSE TEXTO. ☐

1. POEMA
2. LEGENDA
3. PARLENDA
4. TRAVA-LÍNGUA

2 ESCREVA O NOME DAS FIGURAS

A) _____

B) _____

CAPÍTULO 7

Ss

SAPO
sapo

A B C D E F G H I J K L M N O P Q R **S** T U V W X Y Z
a b c d e f g h i j k l m n o p q r **s** t u v w x y z

DIÁLOGO INICIAL

1 LEIA A TIRA DA MAGALI COM O PROFESSOR.

TIRA DA TURMA DA MÔNICA, DE MAURICIO DE SOUSA.

2 QUAL PERSONAGEM DA TIRA TEM O NOME COMEÇADO PELA LETRA **S**?

3 DIGA OUTRAS PALAVRAS QUE COMEÇAM COM A LETRA **S**.

4 POR QUE MAGALI NÃO GOSTOU DE VER O PRÍNCIPE?

5 QUEM MAGALI QUERIA VER NO LUGAR DO PRÍNCIPE?

6 O QUE VOCÊ ACHA QUE SIGNIFICA O QUADRINHO DO MEIO?

LER E ESCREVER PARA...
CANTAR

1 LEIA A LETRA DA CANTIGA COM O PROFESSOR E CANTE-A COM OS COLEGAS.

O SAPO NÃO LAVA O PÉ,
NÃO LAVA PORQUE NÃO QUER.
ELE MORA LÁ NA LAGOA,
NÃO LAVA O PÉ PORQUE NÃO QUER.
MAS QUE CHULÉ!

CANCIONEIRO POPULAR.

2 LEIA AS PERGUNTAS E COPIE TRECHOS DA CANTIGA EM SEU CADERNO PARA RESPONDÊ-LAS.

A) ONDE O SAPO MORA?

B) O QUE O SAPO NÃO LAVA?

3 LEIA AS PALAVRAS DO QUADRO E CIRCULE AS QUE RIMAM ENTRE SI.

PÉ   QUER   CHULÉ

4 MARQUE UM **X** NAS FRASES CORRETAS.

A) ☐ A CANTIGA É PARECIDA COM UM POEMA PORQUE TEM RIMA.

B) ☐ A CANTIGA É DIFERENTE DE UM POEMA PORQUE É FEITA PARA SER CANTADA; E O POEMA, PARA SER RECITADO.

C) ☐ A CANTIGA É PARECIDA COM UM POEMA PORQUE É FORMADA POR VERSOS.

ATIVIDADES

1 LEIA OS VERSOS COM O PROFESSOR.

MEIA RIMA COM SEREIA.
RIMA, MAS NÃO COMBINA.

MARTA LAGARTA. *RIMA OU COMBINA*.
SÃO PAULO: ÁTICA, 2007. P. 15.

A) CIRCULE AS RESPOSTAS. **SAIA** RIMA COM:

VAIA   CAIA   VESTIDO   MEIA   ARRAIA

B) AGORA É SUA VEZ DE INDICAR PALAVRAS QUE RIMAM.

2 REESCREVA COM LETRA CURSIVA.

| **Sa** | **Se** | **Si** | **So** | **Su** |

| **sa** | **se** | **si** | **so** | **su** |

3 LEIA AS PALAVRAS E RISQUE SOMENTE AS COM TRÊS SÍLABAS.

SAPO   SOPA   SUADO   SUA   SOMA
SINO   SEDE   SACI   SEMANA   SONO

PRODUÇÃO DE TEXTO

≫ FRASE

1 NA CANTIGA, VOCÊ CONHECEU UM PERSONAGEM QUE NÃO LAVA O PÉ PORQUE NÃO QUER, O SAPO. AGORA VOCÊ VAI ESCREVER UMA FRASE DIZENDO O QUE ELE FAZ PORQUE QUER.

_____

REVENDO O QUE VOCÊ APRENDEU

1 ESCREVA **C** SE A FRASE ESTIVER CORRETA, E **E** SE ESTIVER ERRADA.

☐ AS PALAVRAS RIMAM QUANDO O FINAL DE UMA É IGUAL OU PARECIDO COM O DE OUTRA.

2 PINTE COM A MESMA COR AS PALAVRAS QUE RIMAM.

| CAIA | BOLA | SAIA | COLA | MOLA | VAIA |

3 NO QUADRO, CADA NÚMERO CORRESPONDE A UMA SÍLABA.

1	2	3	4	5	6	7	8	9	10
ME	MA	MI	MO	DA	DO	SA	PO	NI	NA

SUBSTITUA OS NÚMEROS PELAS SÍLABAS CORRESPONDENTES A ELES E FORME PALAVRAS COMO NO EXEMPLO.

1 + 6 = MEDO

A) 8 + 2 + 5 = _____   C) 3 + 4 = _____
B) 1 + 9 + 10 = _____ D) 5 + 2 = _____

CAPÍTULO 8

Tt

TARTARUGA
tartaruga

ABCDEFGHIJKLMNOPQRS**T**UVWXYZ
abcdefghijklmnopqrs**t**uvwxyz

DIÁLOGO INICIAL

1 O CARTAZ AO LADO MOSTRA UM PROJETO DE PRESERVAÇÃO AMBIENTAL. QUAL ANIMAL O PROJETO QUER PRESERVAR?

2 COMO VOCÊ CONCLUIU DE QUAL ANIMAL SE TRATA?

3 VOCÊ ACHA IMPORTANTE PROTEGER ESSE ANIMAL? EXPLIQUE.

Marcadas para viver

As marcas nas tartarugas marinhas servem para sabermos onde elas vão, o que fazem e quantas são.

Ao encontrar uma tartaruga marinha marcada:

Não retire a marca se ela estiver viva
Anote o número da marca, local e data
Mande a informação para:
Caixa Postal 2219 Rio Vermelho
41950-970 Salvador BA
Tel: 71 3676-1045 / tamar@tamar.org.br

www.tamar.org.br

Projeto Tamar 33 anos

▶ CARTAZ "MARCADAS PRA VIVER" DO PROJETO TAMAR.

LER E ESCREVER PARA...

CONTAR

1 LEIA O TEXTO COM O PROFESSOR E, DEPOIS, CONVERSE SOBRE ELE COM OS COLEGAS.

A TARTARUGA E A LEBRE

UMA TARTARUGA E UMA LEBRE DISCUTIAM PARA SABER QUEM ERA A MAIS VELOZ. POR ISSO, COMBINARAM UMA DATA PARA UMA CORRIDA E UM LOCAL AONDE DEVERIAM CHEGAR. NO DIA CERTO, PARTIRAM. A LEBRE, QUE CONTAVA COM SUA RAPIDEZ NATURAL, NÃO SE PREOCUPOU COM A CORRIDA. CAIU À BEIRA DE UMA ESTRADA E ADORMECEU. JÁ A TARTARUGA, QUE SABIA QUÃO LENTA ERA, NÃO PERDEU TEMPO E, DEIXANDO A LEBRE DORMINHOCA PARA TRÁS, VENCEU A APOSTA.

MORAL: O TALENTOSO COM PREGUIÇA PERDE PARA QUEM ENFRENTA A LIÇA.

FÁBULAS DE ESOPO. PORTO ALEGRE: L&PM POCKET, 2009. P. 155.

2 POR QUE A LEBRE NÃO SE PREOCUPOU COM A CORRIDA?

3 A TARTARUGA GANHOU A CORRIDA PORQUE FOI A MAIS LIGEIRA?

4 VOCÊ CONCORDA COM A MORAL DA HISTÓRIA? JUSTIFIQUE.

ATIVIDADES

1 LEIA AS PALAVRAS DO QUADRO E COPIE EM SEGUIDA AS QUE NOMEIAM UM ANIMAL.

| TEIA | PATETA | PATA | PATO | TIME | MOTO |
| TEU | APITO | TITIA | TOMATE | POTE | TATU |

_____   _____   _____

2 REESCREVA AS SÍLABAS COM LETRA CURSIVA.

Ta   Te   Ti   To   Tu

ta   te   ti   to   tu

3 JUNTE AS SÍLABAS E FORME PALAVRAS.

A) TI + A   B) TO + DO   C) TI + RA   D) PO + TE

4 LEIA AS PALAVRAS E COPIE-AS COM LETRA CURSIVA.

tomate   time   teia   pateta

5 LIGUE CADA ILUSTRAÇÃO À PALAVRA QUE LHE CORRESPONDE.

A) TEIA   B) PATO   C) APITO

BRINCAR E APRENDER

1 LEIA O TRAVA-LÍNGUA COM O PROFESSOR E TREINE PARA REPETI-LO SEM ERRAR. DEPOIS BRINQUE COM OS COLEGAS.

> O TEMPO PERGUNTOU PRO TEMPO
> QUANTO TEMPO O TEMPO TEM.
> O TEMPO RESPONDEU PRO TEMPO
> QUE O TEMPO TEM O TEMPO
> QUE O TEMPO TEM.
>
> TRAVA-LÍNGUA.

PRODUÇÃO DE TEXTO

≫ LEGENDA

1 NA PÁGINA SEGUINTE, ESCREVA UMA LEGENDA PARA CADA ILUSTRAÇÃO DA FÁBULA "A TARTARUGA E A LEBRE". EM SEGUIDA, PINTE AS ILUSTRAÇÕES.

> PARA ESCREVER AS LEGENDAS, SIGA AS ORIENTAÇÕES QUE O PROFESSOR VAI LER.

REVENDO O QUE VOCÊ APRENDEU

1 AO CRIAR UM TEXTO, DEVEMOS ESTAR ATENTOS ANTES DA ESCRITA, ENQUANTO O ESCREVEMOS E DEPOIS, QUANDO ELE ESTIVER ESCRITO, MAS NÃO FINALIZADO.

LEIA AS FRASES E NUMERE OS PROCEDIMENTOS PARA A ESCRITA DE ACORDO COM A LEGENDA.

1. ANTES DA ESCRITA. **2.** DURANTE A ESCRITA. **3.** DEPOIS DA ESCRITA.

A) ◯ SE ESTIVER EM DÚVIDA SOBRE A GRAFIA DAS PALAVRAS, CONSULTE UM COLEGA E, JUNTOS, PENSEM COMO A PALAVRA DEVE SER ESCRITA.

B) ◯ NÃO SE ESQUEÇA DE FAZER A REVISÃO DO TEXTO E ALTERAR O QUE FOR NECESSÁRIO.

C) ◯ PENSE E PLANEJE O TEXTO.

CAPÍTULO 9

Bb

BALEIA
baleia

A **B** C D E F G H I J K L M N O P Q R S T U V W X Y Z
a **b** c d e f g h i j k l m n o p q r s t u v w x y z

DIÁLOGO INICIAL

1 OBSERVE A IMAGEM DA BALEIA E RESPONDA ÀS QUESTÕES.

▶ BALEIA JUBARTE.

2 VOCÊ SABE ONDE A BALEIA VIVE?

3 E COMO ELA RESPIRA?

4 VOCÊ CONHECE O NOME DE OUTROS ANIMAIS QUE TAMBÉM COMEÇAM COM A CONSOANTE **B**?

> **LER E ESCREVER PARA...**

INFORMAR

1 LEIA O TEXTO COM O PROFESSOR.

▶ BALEIA-AZUL.

▶ BALEIA NARVAL.

▶ BALEIA-BICUDA.

VOCÊ SABIA QUE...

– A MAIOR BALEIA CAÇADA ATÉ HOJE FOI UMA BALEIA-AZUL FÊMEA, QUE MEDIA 34 METROS DE COMPRIMENTO E PESAVA EM TORNO DE 170 TONELADAS?

– AS BALEIAS SÃO OS MAIORES ANIMAIS JÁ EXISTENTES (PODEM CHEGAR A 3 VEZES O TAMANHO DE UM DINOSSAURO). [...]

– AS BALEIAS-AZUIS VIVEM CERCA DE 50 ANOS.

[...]

– AS BALEIAS SOLTAM SONS AGUDOS NA ÁGUA E, GRAÇAS AOS ECOS DE RETORNO, PODEM LOCALIZAR COM PRECISÃO QUALQUER CORPO SÓLIDO. ELAS NÃO TÊM BOA VISÃO.

DISPONÍVEL EM: <www.sitedecuriosidades.com/curiosidade/curiosidades-sobre-baleias.html>. ACESSO EM: JUL. 2015.

2 ESCREVA O NOME DO ANIMAL DE QUE TRATA O TEXTO.

_____

3 ESCREVA AS CONSOANTES NOS ESPAÇOS INDICADOS ABAIXO E FORME AS SÍLABAS DO NOME DO ANIMAL DE QUE TRATA O TEXTO.

_____A_____EIA

4 RESPONDA ORALMENTE: QUAL INFORMAÇÃO DO TEXTO VOCÊ ACHOU MAIS INTERESSANTE?

ATIVIDADES

1 REESCREVA AS SÍLABAS COM LETRA CURSIVA.

| Ba | Be | Bi | Bo | Bu |

| ba | be | bi | bo | bu |

2 COMPLETE O DIAGRAMA COM AS PALAVRAS DA LISTA A SEGUIR. VEJA O EXEMPLO.

1. BOTÃO
2. BAÚ
3. ~~BANANA~~
4. BONÉ
5. BALÃO
6. BOTA

3. B A N A N A

3 OBSERVE AS SÍLABAS A SEGUIR E FAÇA O QUE SE PEDE.

| BO | RE | TA | SA | RA | BÃO |
| NE | TE | NA | TO | RI | TÃO |

A) FORME UMA PALAVRA COM QUATRO SÍLABAS QUE INDICA UM PRODUTO CHEIROSO, USADO PARA TOMAR BANHO.

_____

B) FORME TRÊS PALAVRAS COM DUAS SÍLABAS.

_____

_____

C) FORME UMA PALAVRA QUE INDICA O NOME DE UMA PESSOA.

_____

D) FORME A PALAVRA QUE INDICA UM CALÇADO USADO GERALMENTE EM DIAS FRIOS.

_____

4 LEIA O TEXTO COM O PROFESSOR.

> BALEIA LÁ PELOS MARES
> VIVE A VIDA A NADAR.
> SEU FILHOTE ESTÁ CHAMANDO,
> ESTÁ NA HORA DE MAMAR!
>
> A AUTORA.

A) ONDE VIVE A BALEIA? _____

B) O QUE O FILHOTE DA BALEIA QUER? _____

LER E ESCREVER PARA...

SABER COMO SE FAZ

1 FAÇA UMA DOBRADURA DE BALEIA SEGUINDO AS ORIENTAÇÕES NUMERADAS A SEGUIR.

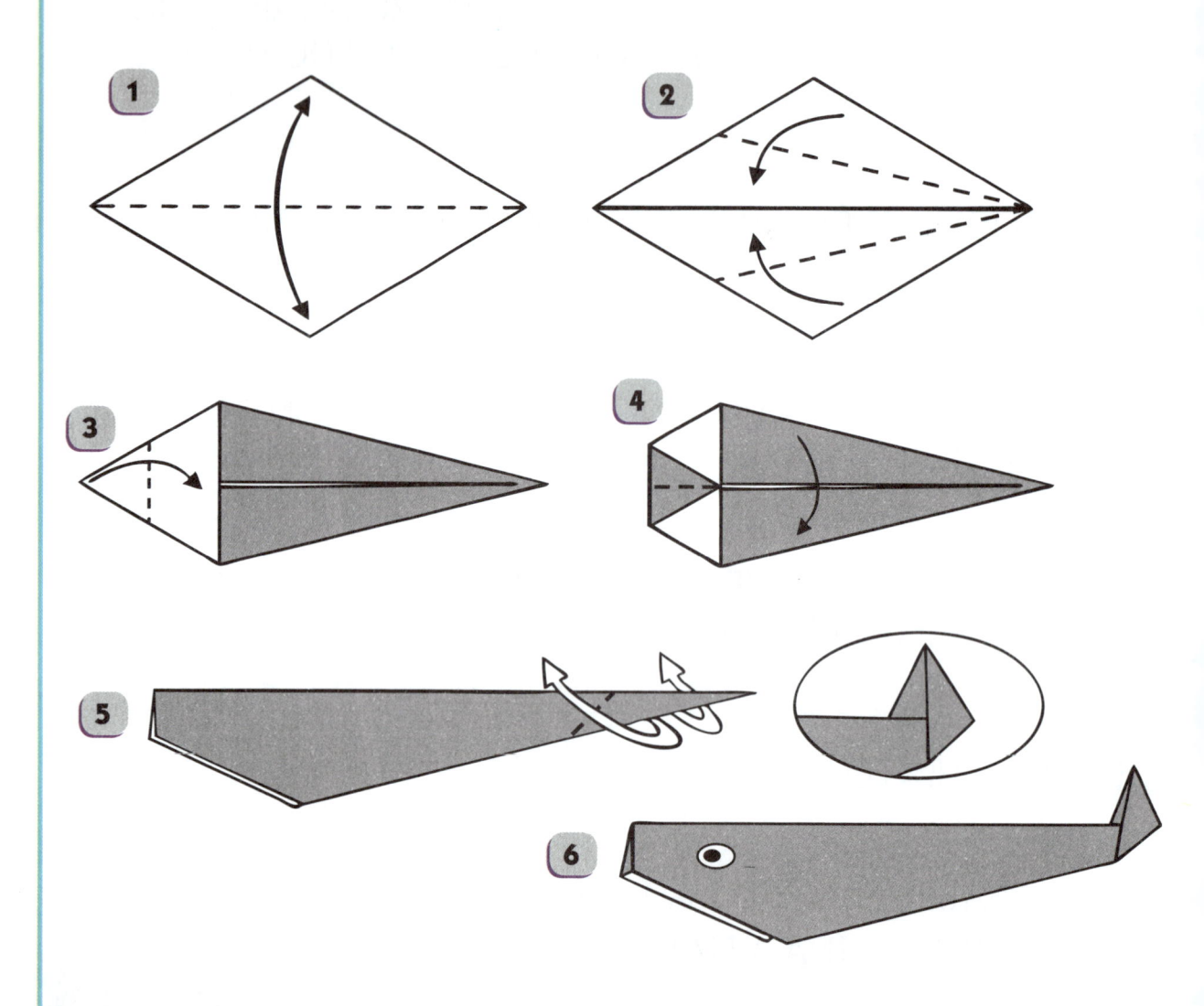

2 APROVEITE A DOBRADURA PARA MONTAR, COM OS COLEGAS, UM MURAL DO OCEANO COM IMAGENS DE PEIXES E OUTROS SERES QUE VIVEM NELE. VOCÊS PODEM USAR IMAGENS RECORTADAS DE REVISTAS VELHAS OU DESENHÁ-LOS.

> TODAS AS DOBRADURAS MERECEM UM LUGAR NO MURAL DO OCEANO!

PRODUÇÃO DE TEXTO

❯ TEXTO INFORMATIVO

VOCÊ E OS COLEGAS VÃO ESCREVER UM TEXTO INFORMATIVO SOBRE A BALEIA PARA COLOCAR NO MURAL. OUÇA AS ORIENTAÇÕES QUE O PROFESSOR LERÁ:

ANTES DA PRODUÇÃO

- RELEMBRE, COM OS COLEGAS, AS INFORMAÇÕES DO TEXTO SOBRE AS BALEIAS E, JUNTOS, ESCOLHAM AS QUE DESEJAM COLOCAR NO TEXTO. ESTABELEÇAM A ORDEM EM QUE SERÃO ESCRITAS.

DURANTE A PRODUÇÃO

- DITEM AS INFORMAÇÕES, UMA A UMA, PARA O PROFESSOR. ELE VAI ESCREVER UM TEXTO COM ELAS NA LOUSA.

DEPOIS DA PRODUÇÃO

- PEÇAM AO PROFESSOR QUE RELEIA O TEXTO. JUNTOS, VERIFIQUEM SE HÁ PALAVRAS OU TRECHOS QUE DEVAM SER ALTERADOS OU CORRIGIDOS. OBSERVEM SE AS IDEIAS ESTÃO CLARAS E SE TODOS CONSEGUIRÃO ENTENDÊ-LAS.
- COM A AJUDA DO PROFESSOR, ALTEREM O QUE FOR NECESSÁRIO.

BRINCAR E APRENDER

1 COMPARE A DIFERENÇA DE TAMANHO ENTRE A BALEIA-
-AZUL, O ELEFANTE E O SER HUMANO. CIRCULE A BALEIA.

REVENDO O QUE VOCÊ APRENDEU

1 PENSE EM PALAVRAS QUE CONTENHAM AS SÍLABAS **BA**, **BE**, **BI**, **BO**, **BU**.

2 DESENHE IMAGENS QUE REPRESENTEM ESSAS PALAVRAS.

CAPÍTULO 10

L l

LEÃO
leão

Eric Isselee/Shutterstock

A B C D E F G H I J K **L** M N O P Q R S T U V W X Y Z
a b c d e f g h i j k **l** m n o p q r s t u v w x y z

DIÁLOGO INICIAL

1 PINTE NA CENA O ANIMAL CUJO NOME COMEÇA COM A LETRA **L**.

2 QUE OUTROS ANIMAIS TAMBÉM TÊM O NOME INICIADO COM A LETRA **L**?

131

LER E ESCREVER PARA...

CANTAR

1 LEIA OS VERSOS COM O PROFESSOR.

O LEÃO

LEÃO! LEÃO! LEÃO!
RUGINDO COMO UM TROVÃO
DEU UM PULO, E ERA UMA VEZ
UM CABRITINHO MONTÊS.
[...]

VINICIUS DE MORAES. *A ARCA DE NOÉ*. 2. ED. SÃO PAULO: COMPANHIA DAS LETRINHAS, 1991. P. 38.

2 RESPONDA ÀS QUESTÕES ORALMENTE.
  A) EM SUA OPINIÃO, POR QUE O LEÃO RUGIU?
  B) RUGIR COMO UM TROVÃO É RUGIR ALTO OU BAIXO? POR QUÊ?
  C) O LEÃO É CONSIDERADO O REI DOS ANIMAIS. VOCÊ CONCORDA COM ESSA IDEIA? JUSTIFIQUE SUA RESPOSTA.

3 DESENHE EM UMA FOLHA O LEÃO RUGINDO AO LADO DO CABRITINHO MONTÊS.

ATIVIDADES

1 PINTE AS ILUSTRAÇÕES QUE REPRESENTAM OBJETOS CUJO NOME COMEÇA COM **LA**, **LE**, **LI**, **LO** OU **LU**.

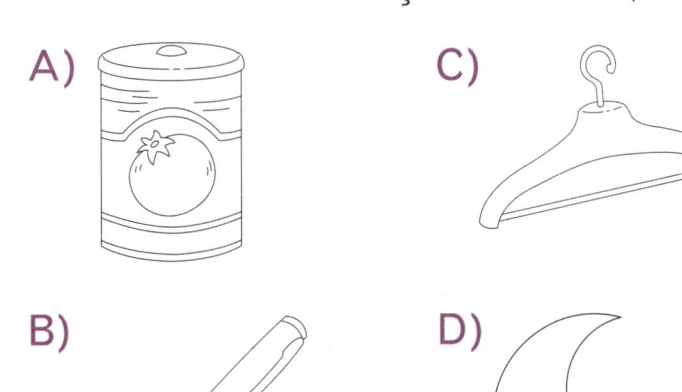

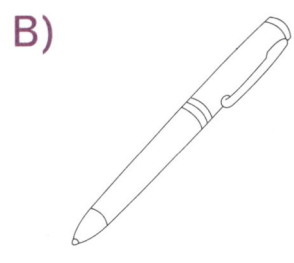

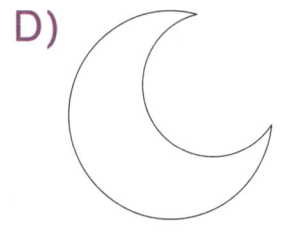

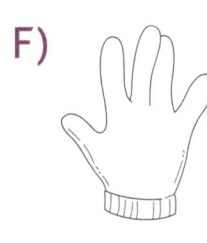

A)

B)

C)

D)

E)

F)

2 REESCREVA AS SÍLABAS COM LETRA CURSIVA.

La	Le	Li	Lo	Lu
la	le	li	lo	lu

3 LEIA AS PALAVRAS E ESCREVA COM LETRA CURSIVA AS INDICADAS.

LOBO	BELA	BOLETO	BATATA	LEVADO	MALA
LAMA	LIMA	LEITE	LATA	MOLA	BALADA

lobo   bela   mola

4 LEIA AS FRASES E REESCREVA-AS SUBSTITUINDO CADA ILUSTRAÇÃO PELA PALAVRA QUE LHE CORRESPONDE.

A) O 🦁 E O 🐵 VIVEM NA MATA.

_____

B) A 🧦 COUBE NO PÉ DO LÉO.

_____

5 COMPLETE O DIAGRAMA DE ACORDO COM OS NÚMEROS E OS DESENHOS CORRESPONDENTES.

PRODUÇÃO DE TEXTO

≫ REORDENAR POEMA

1 LEIA OS VERSOS DO QUADRO A SEGUIR E NUMERE-OS NA ORDEM EM QUE APARECEM NO POEMA. DEPOIS, ESCREVA-OS NO CADERNO COM LETRA DE IMPRENSA MAIÚSCULA OU COM LETRA CURSIVA (MAIÚSCULA NO INÍCIO DO VERSO E MINÚSCULA DEPOIS) NA ORDEM CORRETA.

> VOLTE AO INÍCIO DO CAPÍTULO E MEMORIZE O POEMA. DEPOIS NUMERE E REORGANIZE O TEXTO.

RUGINDO COMO UM TROVÃO	
UM CABRITINHO MONTÊS.	
DEU UM PULO, E ERA UMA VEZ	
LEÃO! LEÃO! LEÃO!	

REVENDO O QUE VOCÊ APRENDEU

1 LEIA AS PALAVRAS DO QUADRO E COPIE-AS NA COLUNA ADEQUADA.

LOBO	BELA	BORBOLETA	LEVADO
MALA	LAMA	LIMA	LEITE
TOLO	BELO	BALADA	AULA

LA LE LI LO LU

NO INÍCIO DA PALAVRA	NO MEIO DA PALAVRA	NO FINAL DA PALAVRA

PARA IR MAIS LONGE

LIVRO

▶ *AVISO AO REI LEÃO*, DE THEREZINHA CASASANTA. SÃO PAULO: EDITORA DO BRASIL, 2015. APÓS UM TIRO DE CANHÃO MUITO SUSPEITO, GALO-LÓ E SEUS AMIGOS EMPENADOS FORAM ATRÁS DO REI LEÃO PARA AVISÁ-LO SOBRE O OCORRIDO. NO CAMINHO, ENCONTRARAM A RAPOSINHA-ESPERTINHA, QUE TENTOU ENGANAR AS AVES E BOTÁ-LAS EM UM CALDEIRÃO. MAS AS AVES PERCEBERAM E DERAM UMA LIÇÃO NA RAPOSA. SERÁ QUE ELAS LEVARAM O RECADO AO REI LEÃO?

CAPÍTULO 11

Cc

CUTIA
cutia

A B **C** D E F G H I J K L M N O P Q R S T U V W X Y Z
a b **c** d e f g h i j k l m n o p q r s t u v w x y z

DIÁLOGO INICIAL

1 LEIA O TEXTO COM O PROFESSOR.

A CUTIA
RECOLHEU MUITA COMIDA.
COMEU, COMEU
E ENTERROU O QUE SOBROU,
MAS LOGO SE ESQUECEU.
SABE O QUE ACONTECEU?
UMA CASTANHEIRA BROTOU.

A AUTORA.

2 QUAL ANIMAL É PERSONAGEM DO TEXTO?

3 ESCREVA O NOME DO ANIMAL USANDO AS LETRAS MÓVEIS.

4 VOCÊ CONHECE OUTRAS PALAVRAS QUE COMEÇAM COM A LETRA **C**? QUAIS SÃO ELAS?

LER E ESCREVER PARA...

BRINCAR

1 LEIA A PARLENDA COM O PROFESSOR.

CORRE, CUTIA,
NA CASA DA TIA.
CORRE, CIPÓ,
NA CASA DA AVÓ.
LENCINHO NA MÃO
CAIU NO CHÃO.
MOÇA BONITA
DO MEU CORAÇÃO.
UM, DOIS, TRÊS.

CIPÓ: PLANTA COMPRIDA, PARECE UMA CORDA.

PARLENDA.

2 PINTE, NA PARLENDA, AS PALAVRAS QUE RIMAM.

3 DEPOIS DE OUVIR A PARLENDA, DIGA E ESCREVA OUTRAS PALAVRAS QUE RIMEM COM CUTIA.

_____

_____

4 PINTE, DE ACORDO COM A LEGENDA, AS PALAVRAS QUE RIMAM.

| BICO | COLA | CABELO | TIA |

A) SACOLA
B) MICO
C) CUTIA
D) CAMELO

ATIVIDADES

1 VOLTE AO TEXTO QUE ABRE O CAPÍTULO E CIRCULE AS PALAVRAS QUE COMEÇAM COM **CA**, **CO** OU **CU**.

2 REESCREVA AS SÍLABAS COM LETRA CURSIVA.

Ca	Co	Cu	ca	co	cu

3 LEIA AS PALAVRAS E LIGUE-AS ÀS ILUSTRAÇÕES.

A) CAVALO

B) PIPOCA

C) TUCANO

D) BONECA

4 LEIA AS PALAVRAS A SEGUIR E REESCREVA-AS COM LETRA CURSIVA.

cocada	camelo	cipó

BAÚ DE INFORMAÇÕES

LEIA O TEXTO COM O PROFESSOR.

A CUTIA [...] É UM PEQUENO ANIMAL DO QUAL DEPENDE A REPRODUÇÃO DOS CASTANHEIROS. O MAMÍFERO SE ALIMENTA DOS FRUTOS QUE CAEM DAS ÁRVORES.

▶ CUTIA COMENDO CASTANHA.

> O QUE NÃO CONSEGUE COMER, ELE ENTERRA PARA PROCURAR MAIS TARDE. AS CASTANHAS ESQUECIDAS BROTAM E GERAM NOVAS ÁRVORES.

DISPONÍVEL EM: <www.terra.com.br/curiosidades/cur_mundo_natural_4.htm>.
ACESSO EM: JUL. 2015.

PRODUÇÃO DE TEXTO

≫ COMPLETAR TEXTO ILUSTRATIVO

1 LEIA AS PALAVRAS DO QUADRO E PREENCHA CADA ESPAÇO DO TEXTO COM UMA DELAS. ATENÇÃO! É IMPORTANTE QUE O TEXTO FAÇA SENTIDO.

| NÃO | DOS | OS | PARA | DA | ELA | MAIS | QUE | ELES |

A CUTIA GARANTE A REPRODUÇÃO _____ CASTANHEIROS PORQUE, SATISFEITA, _____ COME TODOS _____ FRUTOS QUE CAÍRAM _____ ÁRVORE E OS ENTERRA _____ COMER MAIS TARDE. _____ ESQUECE _____ ENTERROU OS FRUTOS E _____ BROTAM.

REVENDO O QUE VOCÊ APRENDEU

1 ESCREVA, NA COLUNA CORRETA, PALAVRAS COM **CA**, **CO** OU **CU**.

INÍCIO DE PALAVRA	MEIO DE PALAVRA	FIM DE PALAVRA

CAPÍTULO 12

F f

FOCA
foca

A B C D E **F** G H I J K L M N O P Q R S T U V W X Y Z
a b c d e **f** g h i j k l m n o p q r s t u v w x y z

DIÁLOGO INICIAL

1 LEIA ESTA CAPA E RESPONDA ÀS QUESTÕES.

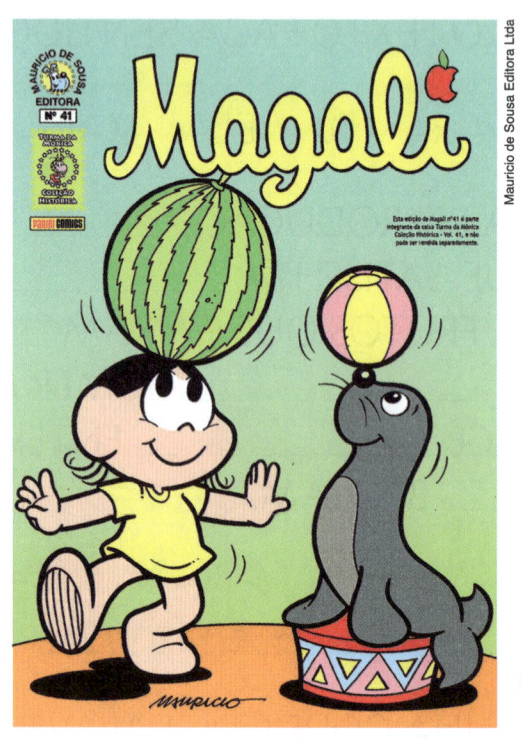

▶ CAPA DO GIBI *MAGALI*, DE MAURICIO DE SOUSA.

2 QUAL PERSONAGEM ESTÁ EQUILIBRANDO A BOLA? E QUEM EQUILIBRA A MELANCIA?

3 O QUE VOCÊ ACHA QUE AS FOCAS COMEM?

4 QUANTAS CONSOANTES APARECEM NA PALAVRA **FOCA**?

LER E ESCREVER PARA...

RECITAR E CANTAR

1 LEIA OS VERSOS COM O PROFESSOR.

A FOCA

QUER VER A FOCA
FICAR FELIZ?
É PÔR UMA BOLA
NO SEU NARIZ.

QUER VER A FOCA
BATER PALMINHA?
É DAR A ELA
UMA SARDINHA.
[...]

VINICIUS DE MORAES. *A ARCA DE NOÉ: POEMAS INFANTIS*. SÃO PAULO: COMPANHIA DAS LETRAS, 1991. P. 56.

2 CIRCULE A PALAVRA **FOCA** NO TEXTO E FAÇA UM **X** NOS VERSOS EM QUE ELA APARECE.

3 POR QUE A FOCA BATE PALMINHA QUANDO DÃO A ELA UMA SARDINHA?

_____

_____

4 RELEIA OS VERSOS E PINTE, COM A MESMA COR, AS PALAVRAS QUE RIMAM. DEPOIS COPIE-AS A SEGUIR.

_____

_____

ATIVIDADES

1 REESCREVA AS SÍLABAS COM LETRA CURSIVA.

| Fa | Fe | Fi | Fo | Fu |

| fa | fe | fi | fo | fu |

2 LEIA AS PALAVRAS DO QUADRO E CIRCULE AQUELAS QUE TÊM TRÊS SÍLABAS.

| FIVELA | FOFA | FAROFA | BIFE | FUBÁ |
| FITA | FILA | FACA | FOFURA | FADA |

3 NA PAUTA ABAIXO, REESCREVA COM LETRA CURSIVA MINÚSCULA AS PALAVRAS QUE VOCÊ CIRCULOU.

4 USE A MESMA COR PARA PINTAR AS PALAVRAS IGUAIS.

🟥 FILA   🟩 BIFE   🟦 FADA   🟧 FAVELA

| fada | fábula | fotografia | fila | farofa |

142

5 COMPLETE O DIAGRAMA DE ACORDO COM AS ILUSTRAÇÕES.

6 DE QUAL PALAVRA A SEGUIR É POSSÍVEL **RETIRAR** UMA SÍLABA E FORMAR OUTRA QUE CORRESPONDE AO NOME DE UM ANIMAL?

A) ◯ FAROFA   B) ◯ FAVELA   C) ◯ FOFOCA

◆ AGORA ESCREVA A PALAVRA FORMADA: _____

7 EM QUAL PALAVRA A SEGUIR É POSSÍVEL **COLOCAR** UMA SÍLABA E FORMAR OUTRA QUE CORRESPONDE A UM OBJETO QUE ESTÁ PRESENTE NOS CINTOS?

A) ◯ FITA   B) ◯ VELA   C) ◯ FADA

◆ AGORA ESCREVA A PALAVRA FORMADA: _____

8 FORME AS FRASES ESCREVENDO AS PALAVRAS QUE INDICAM AS ILUSTRAÇÕES.

A) A _____ USAVA UMA _____.
B) O _____ ESTÁ COZINHANDO NO _____.

PRODUÇÃO DE TEXTO

›TEXTO INSTRUCIONAL

1 OBSERVE AS IMAGENS E, COM OS COLEGAS E O PROFESSOR, ESCREVA NO CADERNO UM TEXTO INSTRUCIONAL COLETIVO APRESENTANDO O MATERIAL NECESSÁRIO PARA MONTAR UM CATA-VENTO.

COMO FAZER UM CATA-VENTO

MATERIAL:
- PAPEL QUADRADO;
- TESOURA;
- CANUDO;
- ALFINETE OU TACHINHA.

MODO DE FAZER

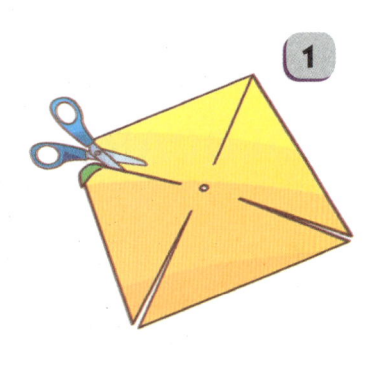

2 AGORA RESPONDA ORALMENTE ÀS QUESTÕES.

A) NESSE TEXTO, AS ILUSTRAÇÕES SÃO IMPORTANTES? EM SUA OPINIÃO, PARA QUE ELAS SERVEM?

B) COM A AJUDA DO PROFESSOR, EXPLIQUE O MODO DE FAZER.

C) ESSAS INSTRUÇÕES DEVEM SER SEGUIDAS NA ORDEM EXPLICADA OU PODEM SER EXECUTADAS EM QUALQUER ORDEM? POR QUÊ?

BAÚ DE INFORMAÇÕES

A FOCA TAMBÉM MAMA

ALGUNS ANIMAIS AQUÁTICOS DE CLIMA FRIO, COMO A FOCA, DÃO DE MAMAR A SEUS FILHOTES. ESSES ANIMAIS TÊM O LEITE MAIS RICO EM GORDURAS, O QUE LHES GARANTE A ENERGIA E A GORDURA NECESSÁRIA PARA SUPORTAR O FRIO.

▶ FOCA AMAMENTANDO SEU FILHOTE.

PARA IR MAIS LONGE

LIVRO

▶ *A FOCA FAMOSA*, DE SONIA JUNQUEIRA. SÃO PAULO: ÁTICA, 2007 (COLEÇÃO ESTRELINHA).

A FOCA ROSA TEM TALENTO, É BONITA E FAMOSA. PARA QUE TUDO FIQUE PERFEITO, SÓ FALTA UM NAMORADO.

REVENDO O QUE VOCÊ APRENDEU

1 ESCREVA UM **X** NAS AFIRMATIVAS CORRETAS.

A) ☐ O TEXTO INSTRUCIONAL SERVE PARA DIZER E MOSTRAR COMO SE FAZ ALGO.

B) ☐ O TEXTO INSTRUCIONAL SERVE PARA CONTAR UMA HISTÓRIA.

C) ☐ AS RECEITAS TAMBÉM SÃO TEXTOS INSTRUCIONAIS.

CAPÍTULO 13

J j

JACARÉ
jacaré

A B C D E F G H I **J** K L M N O P Q R S T U V W X Y Z
a b c d e f g h i **j** k l m n o p q r s t u v w x y z

DIÁLOGO INICIAL

- É UM JACARÉ-DE-PAPO-AMARELO!
- NÃO CHEGA PERTO, DINHO!
- PODE SER PERIGOSO!
- EU SEI...
- QUASE FORAM EXTINTOS POR NOSSA CAUSA...
- ELE DEVE ESTAR APAVORADO!

ALEXANDRE BECK. "ARMANDINHO".

1 LEIA A TIRA ACIMA COM O PROFESSOR.

2 NESSA TIRINHA APARECEM QUATRO PERSONAGENS: O DINHO (ARMANDINHO), O PAI, O JACARÉ E O SAPO.

A) RESPONDA: DE QUEM O LEITOR VÊ SOMENTE AS PERNAS?

B) NO PRIMEIRO QUADRINHO, O QUE O PAI DIZ?

C) QUAIS PERSONAGENS SÃO ANIMAIS?

3 O PAI DE DINHO PEDE QUE ELE NÃO SE APROXIME DO JACARÉ. DE ACORDO COM A RESPOSTA DO GAROTO, ELES ESTÃO FALANDO SOBRE O MESMO PERIGO? DISCUTA COM OS COLEGAS.

LER E ESCREVER PARA...
BRINCAR

1 LEIA A LETRA DA CANTIGA COM O PROFESSOR. DEPOIS, RESPONDA ÀS QUESTÕES.

JACARÉ FOI AO MERCADO
NÃO SABIA O QUE COMPRAR.
COMPROU UMA CADEIRA
PRA COMADRE SE SENTAR.
A COMADRE SE SENTOU,
A CADEIRA ESBORRACHOU.
JACARÉ CHOROU, CHOROU
O DINHEIRO QUE GASTOU!

CANTIGA.

2 QUAL PERSONAGEM FOI AO MERCADO?

___

3 O QUE ELE COMPROU?

___

4 PINTE A ILUSTRAÇÃO QUE MOSTRA O QUE ACONTECEU QUANDO A COMADRE SE SENTOU NA CADEIRA.

5 COPIE DA CANTIGA AS PALAVRAS QUE RIMAM.

A) **COMPRAR** RIMA COM _____

B) **ESBORRACHOU** RIMA COM _____

_____

6 LEIA ESTE OUTRO TEXTO E RESPONDA ÀS QUESTÕES.

PM Ambiental resgata filhote de jacaré em chácara de Botucatu-SP

Animal foi mantido na piscina enquanto resgate não chegou; réptil foi solto, no mesmo dia, em reserva de mata nativa

08 de fevereiro de 2012 | 8h 47

da Central de Notícias

Um homem levou um susto ao encontrar um filhote de jacaré-de-papo-amarelo na piscina de sua chácara, na manhã da última quinta-feira, 2, no distrito rural de Vitoriana, em Botucatu, no interior de São Paulo.

Uma equipe da Polícia Militar Ambiental foi ao local para capturar o animal, que foi solto no mesmo dia, numa reserva de mata nativa, onde há lagos e riachos.

Pássaros. No dia anterior, a Polícia Ambiental libertou, na mesma reserva, 42 pássaros da flora nativa. Os animais tinham sido apreendidos no final de dezembro passado, durante uma ação da Polícia Militar Ambiental no Jardim Brasil e no Jardim Paraíso, também em Botucatu.

Três homens foram autuados por infração ambiental, pagaram multas e cestas básicas. Além disso, foram indiciados por crime ambiental. Os pássaros foram soltos por decisão judicial - as aves estavam sob a guarda dos próprios infratores.

Polícia Ambiental/Divulgação
Filhote de jacaré capturado em chácara

O ESTADO DE S. PAULO, SÃO PAULO, 8 FEV. 2012. DISPONÍVEL EM: <http://sao-paulo.estadao.com.br/noticias/geral,pm-ambiental-resgata-filhote-de-jacare-em-chacara-de-botucatu-sp,832962>. ACESSO EM: JUL. 2015.

7 RESPONDA ORALMENTE AOS ITENS **A**, **B**, **D** E **E**.

A) VOCÊ JÁ LEU O TEXTO. AGORA RESPONDA: É UMA CANTIGA? COMO VOCÊ SABE?

B) ESSE TEXTO SERVE PARA QUÊ?

C) EM QUAIS PUBLICAÇÕES ENCONTRAMOS TEXTOS COMO ESSE? MARQUE UM **X** NAS OPÇÕES CORRETAS A SEGUIR.

- ☐ EM UM LIVRO DE HISTÓRIAS.
- ☐ EM UM JORNAL DE PAPEL.
- ☐ EM UM GIBI.
- ☐ EM UM LIVRO DE RECEITAS.
- ☐ EM UM JORNAL NA INTERNET.

D) QUAL É O ASSUNTO DO TEXTO?

E) PARA QUE LEMOS UMA NOTÍCIA?

UMA **NOTÍCIA DE JORNAL** INFORMA O QUE ACONTECE EM DIVERSOS LOCAIS, POR EXEMPLO, EM CIDADES E PAÍSES. AS NOTÍCIAS DEVEM SER ESCRITAS DE FORMA CLARA E ORGANIZADA PARA QUE TODOS AS ENTENDAM.

O TEXTO QUE VOCÊ LEU É UMA NOTÍCIA DE JORNAL.

ATIVIDADES

1 LEIA AS PALAVRAS E CIRCULE AQUELAS QUE INDICAM COMIDA.

> CAJU CAJÁ JACA FEIJÃO JANELA JOANA
> TIJOLO JABUTI JABUTICABA JUCA JIPE JENIPAPO

2 REESCREVA AS SÍLABAS COM LETRA CURSIVA.

| Ja | Je | Ji | Jo | Ju |

| ja | je | ji | jo | ju |

3 REESCREVA AS PALAVRAS COM LETRA CURSIVA.

| janela | Joana | feijão |

4 LEIA AS PALAVRAS DO QUADRO E CIRCULE A QUE NÃO FAZ PARTE DO GRUPO.

FRUTA	OBJETO	ANIMAL
CAJU	FACA	JIPE
CANETA	FIVELA	JACARÉ
CAJÁ	FÁBIO	JABUTI

5 RETIRE DUAS SÍLABAS DE CADA PALAVRA E FORME OUTRAS PALAVRAS.

PALAVRA	NOVAS PALAVRAS
JABUTICABA	
JENIPAPO	

6 LEIA E BRINQUE DE REPETIR TRÊS VEZES SEM ERRAR.

> FAROFA FOFA FEITA NO FOGO
> FAROFA FOFA NÃO FAZ MAL.

BAÚ DE INFORMAÇÕES

VOCÊ SABIA?

O CAJU, O CAJÁ E A JACA SÃO FRUTAS CONHECIDAS POR ESSES NOMES NA MAIOR PARTE DO BRASIL. PORÉM, HÁ OUTRAS FRUTAS, ALÉM DE ALGUNS ALIMENTOS, OBJETOS E SERES, QUE RECEBEM NOMES DIFERENTES EM ALGUMAS REGIÕES DO PAÍS.

7 CIRCULE AS PALAVRAS USADAS NA REGIÃO ONDE VOCÊ VIVE.
  A) MEXERICA, TANGERINA, BERGAMOTA, MIMOSA.
  B) ABÓBORA, JERIMUM.
  C) MANDIOCA, MACAXEIRA, AIPIM.
  D) JABÁ, CARNE-SECA, CHARQUE.
  E) MENINO, GURI, PIÁ, GAROTO, MOLEQUE.
  F) PIPA, ARRAIA, CAFIFA, PANDORGA, PAPAGAIO.

> GOSTO MUITO DE JABÁ COM JERIMUM!

LER E ESCREVER PARA...

1 OBSERVE O FOLHETO E RESPONDA ÀS QUESTÕES ORALMENTE. DEPOIS COMPLETE A VINHETA ACIMA.

Alface crespa unid.
2,65

Cenoura extra kg
2,20

Batata-inglesa kg
4,20

Acém kg
8,98

Frango resfriado kg
6,40

Iogurte natural desnatado
1,60

Iogurte com polpa natural 6 unid.
5,29

superofertas!

Sabão em pó 1 kg
3,90

Detergente neutro
0,99

Creme dental
1,39

Desinfetante 5 litros
8,55

Álcool 500 ml
2,89

A) ONDE ESSE FOLHETO PODE SER ENCONTRADO? EM SUA OPINIÃO, PARA QUE ELE SERVE?

B) O QUE ESTÁ SENDO ANUNCIADO?

C) PARA QUE SERVEM OS NÚMEROS QUE APARECEM NO FOLHETO?

D) POR QUE ESSES FOLHETOS SÃO LIDOS?

2 CIRCULE, NO FOLHETO, UM PRODUTO DE LIMPEZA.

3 PRIMEIRO LEIA AS PALAVRAS, DEPOIS PINTE A QUANTIDADE DE QUADRADINHOS QUE CORRESPONDE AO NÚMERO DE LETRAS DE CADA PALAVRA.

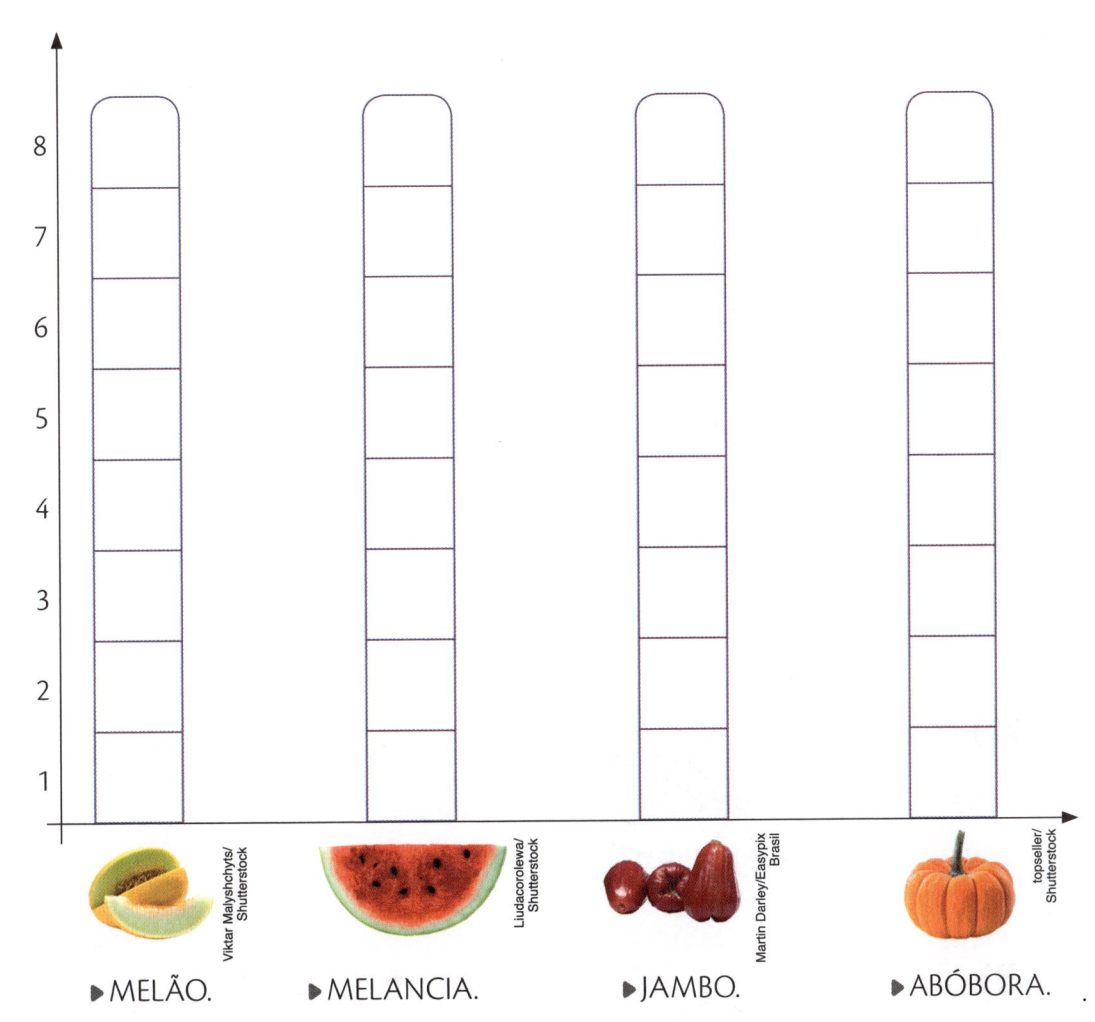

▸ MELÃO. ▸ MELANCIA. ▸ JAMBO. ▸ ABÓBORA.

◆ RESPONDA ÀS QUESTÕES OBSERVANDO O QUE VOCÊ PINTOU.

A) QUAL PALAVRA É FORMADA POR MAIS LETRAS?

B) QUAIS PALAVRAS TÊM A MESMA QUANTIDADE DE LETRAS?

_____

C) QUAL PALAVRA É FORMADA COM MENOS VOGAIS?

_____

BRINCAR E APRENDER

1 PINTE A RESPOSTA DA ADIVINHA.

> **O QUE É, O QUE É?**

É UM BICHO COMPRIDO
E A TODO MUNDO METE MEDO.
TEM QUE TOMAR MUITO CUIDADO
PARA ELA NÃO MORDER SEU DEDO.

ADIVINHA.

A) BARATA

B) COBRA

C) LEÃO

D) PATO

REVENDO O QUE VOCÊ APRENDEU

1 LEIA A INFORMAÇÃO A SEGUIR.

> INFORMA O QUE ACONTECE EM DIVERSOS LOCAIS, POR EXEMPLO, EM CIDADES E PAÍSES. DEVE SER ESCRITA DE MANEIRA CLARA E ORGANIZADA PARA TODOS A ENTENDEREM.

ESSA INFORMAÇÃO REFERE-SE A QUAL TEXTO? CIRCULE A RESPOSTA.

A) POEMA.   C) NOTÍCIA.   E) TRAVA-LÍNGUA.

B) PARLENDA.   D) RECEITA.   F) TIRINHA.

2 COLOQUE AS VOGAIS E COMPLETE A PALAVRA QUE INDICA UMA FRUTA.

J A B ____ T ____ C ____ B ____

A) AGORA SEPARE A PALAVRA EM SÍLABAS.

◯ - ◯ - ◯ - ◯ - ◯

B) LEIA A PALAVRA FORMADA. DEPOIS ELIMINE TRÊS SÍLABAS E ENCONTRE OUTRA QUE TAMBÉM INDICA UMA FRUTA.

_____

C) ACRESCENTE UMA SÍLABA À PALAVRA QUE VOCÊ FORMOU NO ITEM ANTERIOR E FORME O NOME DE UM ANIMAL VISTO NO INÍCIO DO CAPÍTULO.

_____

CAPÍTULO 14

G g

GATO
gato

A B C D E F **G** H I J K L M N O P Q R S T U V W X Y Z
a b c d e f **g** h i j k l m n o p q r s t u v w x y z

DIÁLOGO INICIAL

1 LEIA O QUADRINHO DE UMA HISTÓRIA EM QUADRINHOS COM O PROFESSOR.

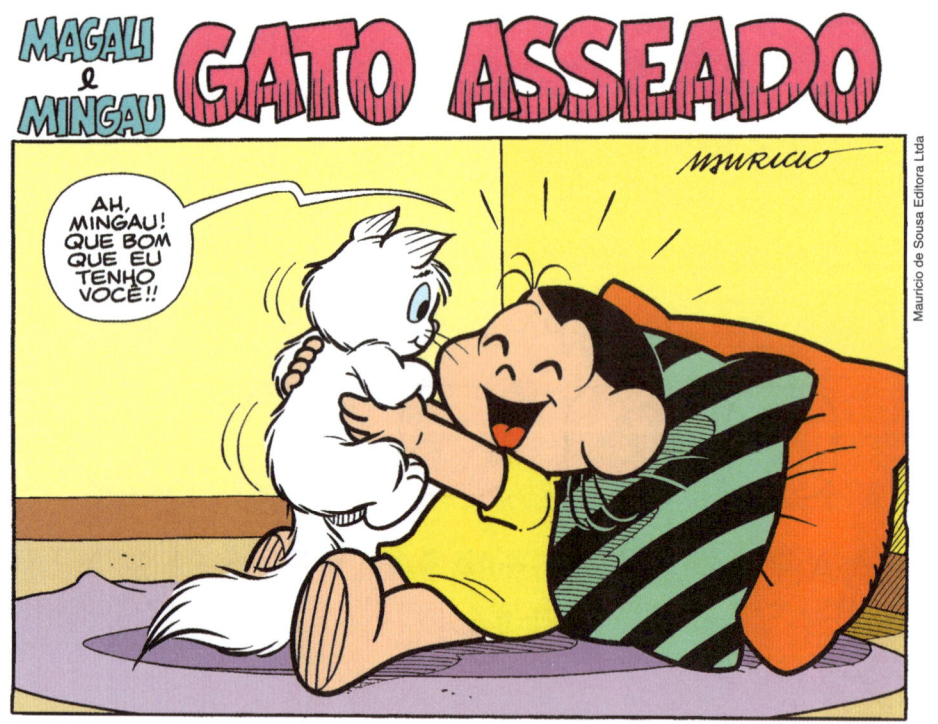

MAGALI E MINGAU — GATO ASSEADO

— AH, MINGAU! QUE BOM QUE EU TENHO VOCÊ!!

MAGALI, DE MAURICIO DE SOUSA.

2 QUAL É O ANIMAL DE ESTIMAÇÃO DA MAGALI?

3 COMO ELE SE CHAMA?

4 CITE DUAS PALAVRAS QUE INDICAM ANIMAIS E COMEÇAM COM A SÍLABA **GA**.

LER E ESCREVER PARA...
RECITAR

1 LEIA O POEMA COM O PROFESSOR.

O GATO E A PULGA

A GENTE CATA O GATINHO,
MAS PULGA CUSTA A ACABAR
POR ISSO DE VEZ EM QUANDO,
ELE TEM QUE SE COÇAR.
ELE SE COÇA E DEPOIS
– COISA QUE NUNCA SE VIU –
FICA OLHANDO PARA O CHÃO
PRA VER SE A PULGA CAIU.
SE A PULGA CAIU DE FATO
– ELA NEM CONTA ATÉ TRÊS –
DÁ UM SALTO MORTAL NO AR
E PULA NELE OUTRA VEZ.

FERREIRA GULLAR. *UM GATO CHAMADO GATINHO*. SÃO PAULO: SALAMANDRA, 2000. P. 18.

2 RELEIA OS VERSOS INDICADOS NAS QUESTÕES E AS RESPONDA.

A) NO PRIMEIRO VERSO, QUEM TEM PULGA?

_____

B) NO PRIMEIRO VERSO, O QUE SE FAZ PARA ACABAR COM AS PULGAS DO GATO?

_____

C) NO SÉTIMO E OITAVO VERSOS, POR QUE O GATO FICA OLHANDO PARA O CHÃO?

_____

3 EM SUA OPINIÃO, POR QUE A PULGA PULA NO GATO OUTRA VEZ? DIGA PARA SEUS COLEGAS.

4 QUANTAS VEZES A PALAVRA **PULGA** APARECE NO POEMA?

_____

5 MARQUE **X** NA CENA EM QUE APARECE O PERSONAGEM QUE "FICA OLHANDO PARA O CHÃO".

6 ESCREVA A PALAVRA QUE INDICA O PERSONAGEM QUE ESTÁ FALTANDO NA SEGUNDA ILUSTRAÇÃO DA ATIVIDADE **5**.

_____

7 RELEIA NO QUADRO O PRIMEIRO E O SEGUNDO VERSO DO POEMA E PINTE A FRASE IGUAL.

A GENTE CATA O GATINHO,
MAS PULGA CUSTA A ACABAR.

A) A gente cata o galinho,
mas pulga custa a acabar.

B) A gente cata o gatinho,
mas pulga custa a acabar.

ATIVIDADES

1 LEIA AS PALAVRAS A SEGUIR E COPIE AS QUE INDICAM ANIMAIS.

| GALO | GOLE | GOIABADA | ALUGA | FOGO | GOMA |
| GATO | FIGO | GOLA | LAGO | FOGÃO | GULA |

_____

2 REESCREVA COM LETRA CURSIVA AS SÍLABAS E AS PALAVRAS A SEGUIR.

Ga **Go** **Gu**

ga **go** **gu**

gole **figo** **bigode** **apagou**

3 RETIRE UMA SÍLABA DE CADA PALAVRA E FORME OUTRAS.

A) LEGUME

B) GAVETA

_____

4 ESCOLHA AS SÍLABAS DO QUADRO PARA FORMAR A PALAVRA QUE INDICA CADA ILUSTRAÇÃO.

GA   GO   LO   LE   TO   TA   GU   TE   LA

A)

B)

C)

_____   _____   _____

5 LEIA AS PALAVRAS E CIRCULE O QUE ELAS TÊM DE DIFERENTE.

A) GALO / GATO

B) GOLA / GOLE

C) LAGO / LAGOA

6 ORGANIZE AS PALAVRAS DOS QUADROS DE ACORDO COM A NUMERAÇÃO E FORME FRASES.

A)

1	4	5	3	7	2	6
O	A	ROUPA	ROEU	RUI	RATO	DO

B)

4	2	3	1	5
FOGÃO	FOGO	DO	O	APAGOU

ESCREVA A SEGUIR AS FRASES FORMADAS.

A) _____

B) _____

VALORES E VIVÊNCIAS

CUIDAR BEM DOS ANIMAIS DOMÉSTICOS É UMA DEMONSTRAÇÃO DE CARINHO. É IMPORTANTE CUIDAR DA SAÚDE DELES MANTENDO A VACINAÇÃO EM DIA.

PRODUÇÃO DE TEXTO

≫ BALÃO DE FALA

1. IMAGINE QUE, NO QUADRINHO "GATO ASSEADO", O GATO TAMBÉM DIGA ALGO À MAGALI.
2. ESCREVA NO BALÃO O QUE O MINGAU DIRIA.

MAGALI, DE MAURICIO DE SOUSA.

REVENDO O QUE VOCÊ APRENDEU

1. USE AS LETRAS MÓVEIS PARA FORMAR AS PALAVRAS CORRESPONDENTES ÀS ILUSTRAÇÕES. DEPOIS AS ESCREVA NAS LINHAS INDICADAS.  
   A) QUAL DESSAS PALAVRAS TEM ENCONTRO VOCÁLICO? CIRCULE-A.
   B) QUAL PALAVRA TEM MAIS CONSOANTES? _____

CAPÍTULO 15

Zz

ZEBRA
zebra

ABCDEFGHIJKLMNOPQRSTUVWXY**Z**
abcdefghijklmnopqrstuvwxy**z**

DIÁLOGO INICIAL

1 OBSERVE A IMAGEM.

2 A PALAVRA QUE CORRESPONDE A CADA ANIMAL DA FOTOGRAFIA É **GATO** OU **ZEBRA**?

3 A PALAVRA **ZEBRA** É FORMADA COM CINCO LETRAS.

OBSERVE: Z E B R A

- ELA É FORMADA COM MAIS VOGAIS OU COM MAIS CONSOANTES?

LER E ESCREVER PARA...

RECITAR

1 LEIA O POEMA COM O PROFESSOR.

BOA NOITE

A ZEBRA QUIS
IR PASSEAR
MAS A INFELIZ
FOI PARA A CAMA
TEVE DE SE DEITAR
PORQUE ESTAVA DE PIJAMA.

SIDÓNIO MURALHA. *A TELEVISÃO DA BICHARADA.*
12. ED. SÃO PAULO: GLOBAL, 2009. P. 16.

2 LEIA AS PERGUNTAS E COPIE OS VERSOS QUE INDICAM A RESPOSTA.

A) O QUE A ZEBRA QUERIA? _____

B) PARA ONDE ELA FOI? _____

C) POR QUE ELA TEVE DE SE DEITAR?
_____

3 ESCREVA A PALAVRA QUE, NO SEXTO VERSO, RIMA COM CAMA.
_____

4 RELEIA O TERCEIRO VERSO: "MAS A INFELIZ". CIRCULE A PALAVRA QUE INDICA COMO A ZEBRA ESTAVA.

5 RESPONDA ORALMENTE: POR QUE, NO POEMA, É EMPREGADA A EXPRESSÃO "ESTAVA DE PIJAMA"?

ATIVIDADES

1 REESCREVA COM LETRA CURSIVA.

Za Ze Zi Zo Zu

za ze zi zo zu

beleza gozado Zélia

2 LEIA AS PALAVRAS E CIRCULE AS SÍLABAS **ZA**, **ZE**, **ZI**, **ZO**, **ZU**.

AZEDO	BELEZA	GOZADO	VAZIO
ZAZÁ	ZELO	REZA	ZONA
ZEBU	MOLEZA	AZULEJO	ZEBRA
DÚZIA	DEZENA	BATIZADO	ZÉLIA

3 SEPARE AS SÍLABAS DAS PALAVRAS.

A) ZELO ➡ _____ D) DEZENA ➡ _____

B) VAZIO ➡ _____ E) AZAR ➡ _____

C) ZUMBA ➡ _____ F) COZIDO ➡ _____

4 LEIA AS PALAVRAS DO QUADRO E ESCOLHA A ADEQUADA PARA COMPLETAR AS FRASES.

AZEITONA   ZOOLÓGICO   AZEITE   BELEZA

A) A ZEBRA É UMA _____.

B) ZOÉ VAI AO _____.

C) NA SALADA TEM _____ E _____.

PRODUÇÃO DE TEXTO

≫ LISTA

1 OBSERVE AS FOTOGRAFIAS E FAÇA UMA LISTA COM AS PALAVRAS QUE DÃO NOME AOS ANIMAIS.

A)

B)

C)

A) _____

B) _____

C) _____

D) _____

E) _____

F) _____

D)

E)

F)

PARA IR MAIS LONGE

LIVRO

▶ *HISTÓRIAS AFRICANAS PARA CONTAR E RECONTAR*, DE ROGÉRIO ANDRADE BARBOSA. SÃO PAULO: EDITORA DO BRASIL, 2001.

QUER CONHECER HISTÓRIAS DE ANIMAIS DA ÁFRICA?

VEJA MUITAS HISTÓRIAS PARA LER, CONTAR, DIVERTIR-SE E CONHECER UM POUCO DOS COSTUMES AFRICANOS. LÁ OS ANIMAIS FAZEM PARTE DO IMAGINÁRIO POPULAR.

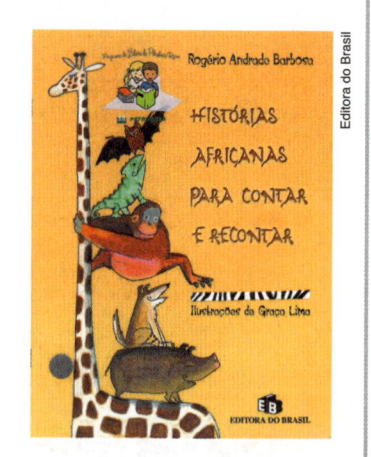

REVENDO O QUE VOCÊ APRENDEU

1 LEIA AS PALAVRAS DO QUADRO A SEGUIR, OBSERVE AS SÍLABAS DESTACADAS NA TABELA ABAIXO E ESCREVA AS PALAVRAS DO QUADRO NO LOCAL ADEQUADO.

AMA**ZO**NAS	A**ZE**DO	BU**ZI**NA
CERTE**ZA**	A**ZU**LEJO	**ZU**NIDO
VI**ZI**NHO	**ZO**MBARIA	**ZA**BUMBA
ZELADOR	BELE**ZA**	**ZO**NA

SÍLABA **ZA**	
SÍLABA **ZE**	
SÍLABA **ZI**	
SÍLABA **ZO**	
SÍLABA **ZU**	

CAPÍTULO 16

Xx

PEIXE
peixe

A B C D E F G H I J K L M N O P Q R S T U V W **X** Y Z
a b c d e f g h i j k l m n o p q r s t u v w **x** y z

DIÁLOGO INICIAL

1 LEIA OS BALÕES DE FALA COM O PROFESSOR.

— O QUE SEU PAI FAZ?
— NADA! E O SEU?

2 QUEM SÃO OS PERSONAGENS?

3 A PALAVRA **PEIXE**, QUE INDICA CADA PERSONAGEM, É FORMADA POR QUANTAS LETRAS?

4 QUAL PALAVRA TEM O MESMO NÚMERO DE LETRAS QUE A PALAVRA **PEIXE**?

XALE   FAIXA   BEXIGA   ROXO

5 QUAL PALAVRA DO QUADRO ACIMA É O NOME DE UMA COR?

LER E ESCREVER PARA...

CANTAR

1 LEIA A LETRA DA CANTIGA COM O PROFESSOR.

EU TENHO UM PEIXINHO NO AQUÁRIO
COLORIDO E BRINCALHÃO.
GIRA, GIRA,
QUE MERGULHO!
SÓ PRA CHAMAR ATENÇÃO.

CANTIGA.

2 RELEIA O PRIMEIRO VERSO E CIRCULE A PALAVRA QUE INDICA UM ANIMAL.

3 LEIA AS PALAVRAS COM O PROFESSOR E CIRCULE AS QUE SÃO DA MESMA FAMÍLIA:

FAIXA   PEIXE   ENXUGAR
CAIXOTE   PEIXINHO

ATIVIDADES

1 LEIA AS PALAVRAS.

ABACAXI	XALE	CAIXA	FAXINA	PEIXE
LIXO	FAIXA	XÊNIA	ROXA	BEXIGA
BAIXO	MEXIDO	LUXO	AMEIXA	CAIXOTE

A) CIRCULE AS PALAVRAS QUE INDICAM FRUTAS.
B) PINTE A PALAVRA QUE INDICA O CONTRÁRIO DE **ALTO**.
C) RISQUE O QUE SE FAZ PARA DEIXAR A CASA LIMPA.

2 REESCREVA O QUE SE PEDE COM LETRA CURSIVA.

| Xa | Xe | Xi | Xo | Xu |

| xa | xe | xi | xo | xu |

bexiga　　　　xícara　　　　peixe

3 LEIA A PALAVRA E VÁ SUBSTITUINDO A SÍLABA DESTACADA PELAS OUTRAS INDICADAS A SEGUIR. QUAIS PALAVRAS FORAM FORMADAS?

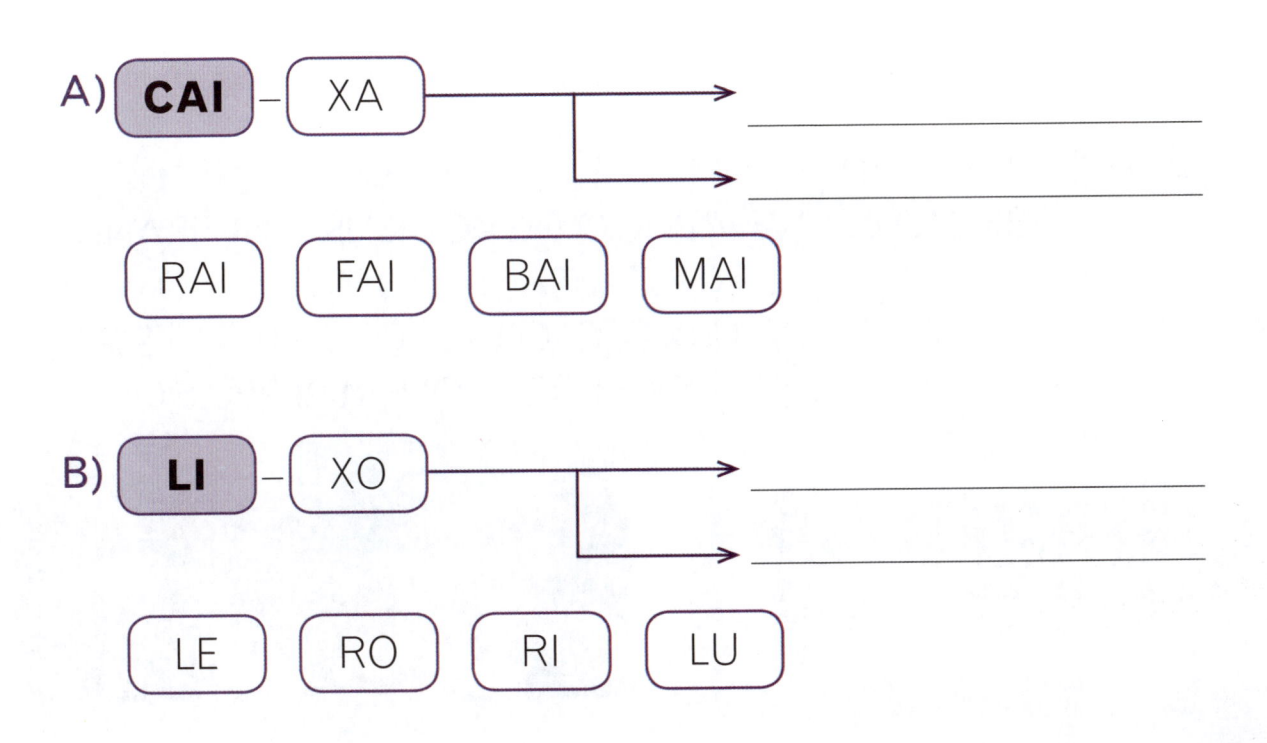

A) CAI – XA

RAI　FAI　BAI　MAI

B) LI – XO

LE　RO　RI　LU

4 LEIA AS FRASES E AS ESCREVA SUBSTITUINDO AS ILUSTRAÇÕES PELA PALAVRA CORRESPONDENTE.

A) XAVIER ADORA 🍍.

_____

B) O 🐟 NADA NO RIO.

_____

5 LEIA AS PALAVRAS E ESCREVA AS SÍLABAS NOS QUADRADINHOS.

A) AMEIXA B) PUXA C) PEIXE

☐ – MEI – ☐   PU – ☐   PEI – ☐

6 LEIA A PALAVRA, RETIRE DELA UMA SÍLABA E ENCONTRE OUTRA PALAVRA. ESCREVA A NOVA PALAVRA NO ESPAÇO A SEGUIR.

XÍCARA ➔ _____

BAÚ DE INFORMAÇÕES

OS PEIXES QUE VIVEM PERTO DOS CORAIS TÊM GRANDE VARIEDADE DE CORES POR CAUSA DA DIETA DELES. O QUE ELES COMEM LHES DÁ UMA COLORAÇÃO ESPECIAL. ESSAS CORES FAZEM COM QUE OS PEIXES FIQUEM PARECIDOS COM OS CORAIS E, ASSIM, ELES ENGANAM SEUS PREDADORES.

▶ AQUÁRIO EM SINGAPURA COM RECIFE DE CORAIS E PEIXES TROPICAIS.

BRINCAR E APRENDER

1 PROCURE AS PALAVRAS DO QUADRO NO DIAGRAMA E CIRCULE-AS.

PUXAR   CAIXOTE   DEIXA
LUXO   ROXO   MEXIDO

D	P	U	X	A	R	D	G	L	U	X	O
D	V	E	C	R	T	E	U	F	V	G	V
F	R	A	J	H	O	X	O	I	V	O	R
X	C	A	I	X	O	T	E	F	V	A	O
N	L	D	F	G	H	I	J	U	I	C	X
L	X	A	A	C	S	M	E	X	I	D	O
X	D	E	I	X	A	C	V	O	G	T	E

REVENDO O QUE VOCÊ APRENDEU

1 PINTE AS PALAVRAS IGUAIS COM A MESMA COR.

PUXAR	luxo	mexido
LUXO	mexido	caixote
CAIXOTE	puxar	puxar
MEXIDO	caixote	luxo

CAPÍTULO 17

Hh

HIPOPÓTAMO
hipopótamo

A B C D E F G **H** I J K L M N O P Q R S T U V W X Y Z
a b c d e f g **h** i j k l m n o p q r s t u v w x y z

DIÁLOGO INICIAL

1 LEIA O TEXTO COM O PROFESSOR E ADIVINHE O ENIGMA.

> **O QUE É, O QUE É?**
> SOU UM ANIMAL BEM GRANDE,
> GOSTO MUITO DE, NO RIO, NADAR.
> NÃO SOU PEIXE NEM BALEIA,
> MEU NOME TEM DEZ LETRAS E COMEÇA COM **H**.
>
> ADIVINHA.

2 CIRCULE A RESPOSTA.

3 QUANTAS LETRAS FORMAM A PALAVRA **HIPOPÓTAMO**?

LER E ESCREVER PARA...

INFORMAR

1 O TÍTULO DO TEXTO QUE VOCÊ VAI LER É "FILHOTE DE HIPOPÓTAMO NO ZOO DE CURITIBA GANHA NOME: GLÓRIA". EM SUA OPINIÃO, ESSE TEXTO É UMA PARLENDA, UM POEMA OU UMA NOTÍCIA?

2 QUAIS INFORMAÇÕES O TEXTO VAI TRAZER?

3 LEIA O TEXTO COM O PROFESSOR, CONFIRA COM SUAS RESPOSTAS ANTERIORES E FAÇA AS ATIVIDADES.

FILHOTE DE HIPOPÓTAMO NO ZOO DE CURITIBA GANHA NOME: GLÓRIA

18/03/2013/ 18:24/ GAZETA DO POVO

FILHOTE DE HIPOPÓTAMO, QUE NASCEU EM FEVEREIRO NO ZOOLÓGICO MUNICIPAL DE CURITIBA, TEVE SEU NOME ESCOLHIDO NO ÚLTIMO FIM DE SEMANA POR VISITANTES DO PARQUE. ELA VAI SE CHAMAR "GLÓRIA", EM UMA HOMENAGEM AO PERSONAGEM DO FILME *MADAGASCAR*. A RECÉM-NASCIDA PERMANECE EM UMA ÁREA ESPECIAL DE MANEJO, ACOMPANHADA DA MÃE.

O NOME FOI ESCOLHIDO A PARTIR DE UMA ELEIÇÃO ENTRE OS VISITANTES, QUE PODIAM VOTAR EM TRÊS OPÇÕES. ALÉM DE "GLÓRIA" (QUE OBTEVE 163 VOTOS), HAVIA OS

NOMES "LOLA" (150 VOTOS) E "POPOZINHA" (63 VOTOS). SEGUNDO NOTA DA PREFEITURA DE CURITIBA, O BATIZADO OFICIAL DA HIPOPÓTAMO SERÁ REALIZADO NO SÁBADO (23), NA FESTA ANTECIPADA DE ANIVERSÁRIO DO ZOO DE CURITIBA.

GLÓRIA NASCEU EM 16 DE FEVEREIRO, PESANDO 40 QUILOS. DAQUI A UM ANO, ELA DEVE ULTRAPASSAR OS 250 QUILOS. ELA É FILHA DO HIPOPÓTAMO DINO, QUE PESA MAIS DE TRÊS TONELADAS E QUE CHEGOU AO ZOOLÓGICO EM 1997, VINDO DO RIO GRANDE DO SUL. A MÃE DELA, PENÉLOPE, TAMBÉM ESTÁ EM CURITIBA DESDE 1997. GLÓRIA JÁ TEM UMA IRMÃ, CHARLENE, QUE MORA NO ZOO HÁ DEZ ANOS.

[...]

▶ GLÓRIA NASCEU EM FEVEREIRO COM 40 QUILOS.

FILHOTE DE HIPOPÓTAMO NO ZOO DE CURITIBA GANHA NOME: GLÓRIA. *GAZETA DO POVO*, 18 MAR. 2013. DISPONÍVEL EM: <www.Gazetadopovo.Com.Br/vida-e-cidadania/filhote-de-hipopotamo-no-zoo-de-curitiba-ganha-nome-gloria-dzdlskccccb14adqeqf9jxff2>. ACESSO EM: JUL. 2015.

4 O TEXTO QUE VOCÊ LEU É UMA NOTÍCIA. DE ONDE ELE FOI RETIRADO?

A) ◯ DE UM LIVRO DE HISTÓRIAS.

B) ◯ DE UM JORNAL.

5 EM SUA OPINIÃO, PARA QUE SERVE A FOTOGRAFIA QUE APARECE NA NOTÍCIA?

_____

_____

6 COMO FOI ESCOLHIDO O NOME DO FILHOTE?

_____

7 O ASSUNTO PRINCIPAL DO TEXTO É:

A) ◯ O PESO DO ANIMAL.

B) ◯ A ESCOLHA DO NOME DO FILHOTE.

C) ◯ A QUANTIDADE DE VOTOS PARA O NOME ESCOLHIDO.

ATIVIDADES

1 LEIA AS PALAVRAS E RISQUE OS NOMES DE MULHER.

HORA	HELENA	HOJE	HOLOFOTE
HELENICE	HÉLIA	HIENA	HÉLIO
HÉLICE	HUMANIDADE	HUMANO	HÁBITO

2 REESCREVA AS SÍLABAS E AS PALAVRAS COM LETRA CURSIVA.

| Ha | He | Hi | Ho | Hu |

| ha | he | hi | ho | hu |

| Helena | hoje | hábito |

3 FORME PALAVRAS COM AS SÍLABAS **HA**, **HE**, **HI**, **HO** OU **HU**.

A) _____ POPÓTAMO

B) _____ LIO

C) _____ ENA

D) _____ MANO

E) _____ JE

F) _____ LENA

G) _____ MANIDADE

H) _____ LOFOTE

I) _____ BITO

J) _____ BITAÇÃO

4 LEIA AS PALAVRAS E SEPARE-AS EM SÍLABAS. EM SEGUIDA, CIRCULE A PALAVRA COM MENOS SÍLABAS.

A) HOJE ➡ ☐ – ☐

B) HELENA ➡ ☐ – ☐ – ☐

C) HÁBITO ➡ ☐ – ☐ – ☐

D) HUMANO ➡ ☐ – ☐ – ☐

LER E ESCREVER PARA...

CONVIDAR

1 SEGUNDO A NOTÍCIA DO JORNAL, NO DIA 23 DE MARÇO, O ZOOLÓGICO DE CURITIBA FEZ A FESTA DE BATIZADO DO HIPOPÓTAMO FÊMEA GLÓRIA, PARA A QUAL CONVIDOU ALGUMAS PESSOAS. OBSERVE O CONVITE ENVIADO.

CONVITE ESPECIAL

DATA: 23 / 3 / 2013.
HORÁRIO: das 14 horas às 18 horas.
LOCAL: Zoológico de Curitiba.

Joana

CONVIDO VOCÊ A PARTICIPAR DO BATIZADO DE GLÓRIA, O HIPOPÓTAMO-FÊMEA.
SUA PRESENÇA É MUITO IMPORTANTE!

---

2 NO CONVITE, CIRCULE AS PARTES QUE O FORMAM. USE A LEGENDA PARA CIRCULAR CADA PARTE.

- 🟨 NOME DO CONVIDADO.
- 🟩 PEQUENO TEXTO COM O ASSUNTO DO CONVITE
- 🟥 DATA, HORÁRIO E LOCAL.
- 🟦 A ILUSTRAÇÃO DO HIPOPÓTAMO.

PRODUÇÃO DE TEXTO

❯ CONVITE

1 COM UM COLEGA, CRIE EM UMA FOLHA UM CONVITE PARA UM LANCHE NO RECREIO.

2 JUNTOS, ENVIEM O CONVITE A OUTRO COLEGA. NÃO SE ESQUEÇAM DAS INFORMAÇÕES QUE DEVEM APARECER NO CONVITE.

REVENDO O QUE VOCÊ APRENDEU

1 MARQUE COM UM **X** O QUE FAZ PARTE DE UM CONVITE.

DATA, HORÁRIO E LOCAL	
NOME DE QUEM ESTÁ CONVIDANDO	
TEXTO COM O ASSUNTO DO CONVITE, O EVENTO QUE ACONTECERÁ	
ILUSTRAÇÃO	
NOTÍCIA SOBRE A PESSOA QUE ESTÁ CONVIDANDO	

2 COMPLETE AS PALAVRAS COM AS SÍLABAS A SEGUIR.

| XA | XE | XI | XO | XU |

A) PEI _____

B) EN _____ TO

C) AMEI _____

D) ME _____ DO

E) LU _____

F) _____ DÓ

CAPÍTULO 18

Q q

PERIQUITO
periquito

A B C D E F G H I J K L M N O P **Q** R S T U V W X Y Z
a b c d e f g h i j k l m n o p **q** r s t u v w x y z

DIÁLOGO INICIAL

1 LEIA COM O PROFESSOR.

O PERIQUITO AZUL

O DOCE PASSARINHO
VIVE ALEGRE A CANTAR,
MAS SEU CANTO É BAIXINHO,
QUE NEM DÁ PARA NOTAR;
[...]

LÉA MARINHO. O PERIQUITO AZUL. DISPONÍVEL EM: <www.recantodasletras.com.br/poesias/4320605>. ACESSO EM: JUL. 2015.

2 O PRIMEIRO VERSO DO POEMA É: "O DOCE PASSARINHO" E, EMBAIXO DO POEMA, HÁ A INFORMAÇÃO: "LÉA MARINHO. *O PERIQUITO AZUL*".

CIRCULE NA INFORMAÇÃO A PALAVRA QUE INDICA QUAL É O PASSARINHO.

3 A PALAVRA **PERIQUITO** É FORMADA POR QUANTAS LETRAS?

4 USE AS LETRAS MÓVEIS PARA ESCREVER A PALAVRA **PERIQUITO**.

LER E ESCREVER PARA...

BRINCAR

1 LEIA A PARLENDA COM O PROFESSOR.

O PAPAGAIO COME MILHO,
PERIQUITO LEVA A FAMA.
CANTAM UNS E CHORAM OUTROS,
TRISTE SINA DE QUEM AMA.

PARLENDA.

2 CIRCULE, NO TEXTO, AS PALAVRAS QUE INDICAM UM ANIMAL.

3 QUAL ANIMAL COME MILHO? _____

4 QUAL ANIMAL LEVA A FAMA? _____

5 COPIE, DO POEMA, A MAIOR E A MENOR PALAVRA.

_____

VOCABULÁRIO

SINA: O MESMO QUE DESTINO.

CONVERSANDO TAMBÉM SE APRENDE

1 O QUE SIGNIFICA TER FAMA?

2 O QUE SIGNIFICA LEVAR FAMA?

ATIVIDADES

1 REESCREVA AS SÍLABAS E AS PALAVRAS COM LETRA CURSIVA.

Que   Qui   que   qui

aqui   pequeno   maquete

2 CIRCULE AS SÍLABAS **QUE** E **QUI**.

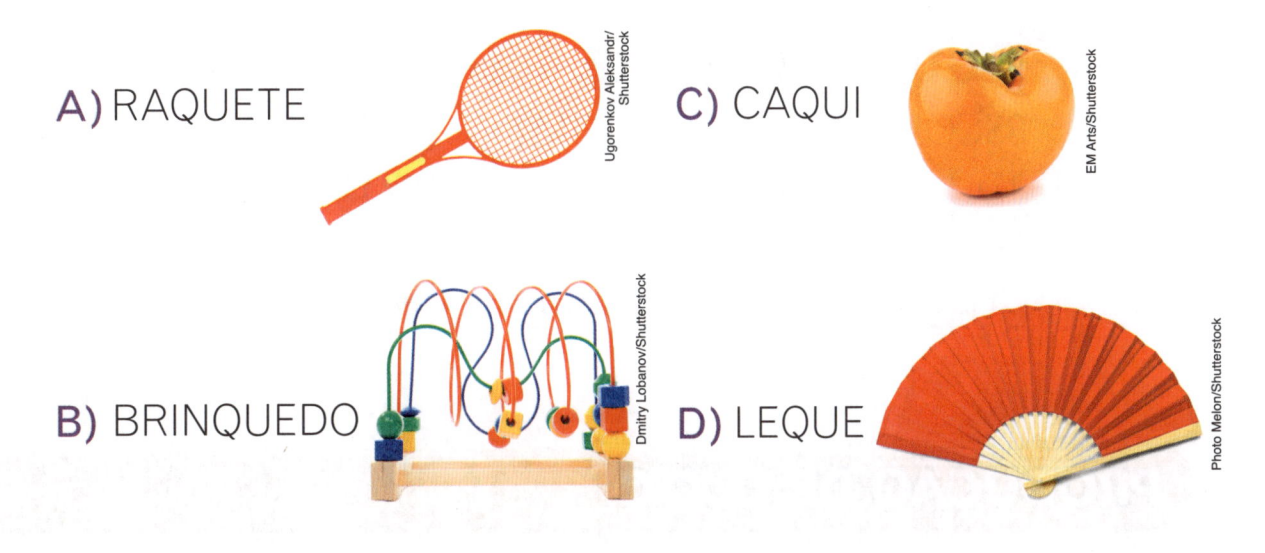

A) RAQUETE

B) BRINQUEDO

C) CAQUI

D) LEQUE

3 LEIA AS PALAVRAS E CIRCULE AS QUE INDICAM ALIMENTO.

PERIQUITO   QUILO   QUEIJO   EQUIPE   QUIABO

ESQUI   AQUELE   MOLEQUE   QUIBE   CACIQUE

4 REESCREVA AS FRASES SUBSTITUINDO AS ILUSTRAÇÕES PELAS PALAVRAS CORRESPONDENTES A ELAS.

A) QUERO UM QUILO DE 🧀 .

_____

B) NAQUELE PARQUE HÁ MUITOS 🌴 .

_____

BRINCAR E APRENDER

1 LEIA O TEXTO COM O PROFESSOR, ADIVINHE E CIRCULE A RESPOSTA.

O QUE É, O QUE É?
ESCORREGO FEITO GOMA
SOU VERDINHO QUE NEM MATO
VOU PRA MESA BEM QUENTINHO
QUERO ESTAR JÁ NO SEU PRATO.

ADIVINHA

A) QUIBE
B) QUEIJO
C) QUIABO
D) CAQUI

PRODUÇÃO DE TEXTO

≫ FRASE

1 OBSERVE AS FOTOGRAFIAS E ESCREVA UMA FRASE COM AS PALAVRAS CORRESPONDENTES A ELAS.

_____

BAÚ DE INFORMAÇÕES

QUIABO

QUIABO, QUIMBOMBÔ OU GOMBÔ SÃO ALGUNS DOS NOMES DADOS AO FRUTO DO QUIABEIRO, TODOS ELES DE ORIGEM AFRICANA. AO QUE TUDO INDICA, O QUIABO CHEGOU AO BRASIL JUNTO COM OS ESCRAVOS TRAZIDOS DA ÁFRICA E DESENVOLVEU-SE MUITO BEM POR AQUI, PRINCIPALMENTE NA BAHIA, ONDE É USADO PARA FAZER UM PRATO TÍPICO: O CARURU.

DISPONÍVEL EM: <www.horti.com.br/home/curiosidades/quiabo.htm>.
ACESSO EM: JUL. 2015.

REVENDO O QUE VOCÊ APRENDEU

1 ESCREVA UMA FRASE COM A PALAVRA **QUIBE** E UMA FRASE COM A PALAVRA **CAQUI**.

_____

_____

2 PINTE, COM A MESMA COR, AS PALAVRAS IGUAIS.

CAQUI	queijo	periquito
QUIABO	periquito	caqui
QUEIJO	quiabo	quiabo
PERIQUITO	caqui	queijo

CAPÍTULO 19

Kk Ww Yy

KIWI
kiwi

ABCDEFGHIJ**K**LMNOPQRSTUV**W**X**Y**Z
abcdefghij**k**lmnopqrstuv**w**x**y**z

DIÁLOGO INICIAL

EMBORA JÁ FOSSEM CONHECIDAS E EMPREGADAS EM ALGUMAS PALAVRAS, ESSAS LETRAS PASSARAM A FAZER PARTE OFICIALMENTE DO ALFABETO HÁ POUCO TEMPO.

1 ESSE PÁSSARO E ESSA FRUTA TÊM O MESMO NOME. VOCÊ SABE O NOME DELES?

2 VOCÊ CONHECE NOMES DE PESSOAS ESCRITOS COM **K** E **W**? QUAIS?

LER E ESCREVER PARA...

BRINCAR

1 LEIA O TRAVA-LÍNGUA COM O PROFESSOR E ILUSTRE-O.

A KIKA CAIU QUICANDO
KAKITO CAIU DE RIR
COITADA DA KIKA CAÍDA
KAKITO CORREU DALI

[...]

WANDA NAVEGA NA **WEB**
WEBER NAVEGA NO MAR
WANDA VAI E WEBER VEM
VIVEM SEMPRE A NAVEGAR

[...]

YASMIN NO SEU JARDIM
CULTIVA JASMIM **CARMIM**
QUE PENA QUE YASMIN
NÃO TEM OLHOS PARA MIM

ROSINHA. *ABC DO TRAVA-LÍNGUA*. SÃO PAULO: EDITORA DO BRASIL, 2012. P. 15, 26 E 28.

VOCABULÁRIO

CARMIM: COR VERMELHA MUITO VIVA.
WEB: SERVIÇO DE INTERNET QUE POSSIBILITA OBTER A INFORMAÇÃO QUE SE OFERECE NESSA REDE.

2 RESPONDA ESCREVENDO.

A) QUEM CAIU QUICANDO? _____

B) QUEM NAVEGA NA *WEB*? _____

C) QUEM CULTIVA JASMIM CARMIM? _____

3 O TRAVA-LÍNGUA É FORMADO POR TRÊS GRUPOS DE VERSOS. COPIE DE CADA GRUPO AS PALAVRAS QUE RIMAM

_____

ATIVIDADES

1 PINTE AS PALAVRAS IGUAIS COM CORES IGUAIS.

WENDI   KELLY   WALLACE

Kelly   Wallace   Wendi

OS NOMES DE PESSOAS, LUGARES E PRODUTOS COMEÇAM SEMPRE COM LETRA MAIÚSCULA.

2 ESCREVA OS NOMES COM LETRA CURSIVA.

Wendi   Kelly   Walace

_____

LER E ESCREVER PARA...

SABER COMO SE FAZ

1 OBSERVE AS IMAGENS E LEIA O TÍTULO. O QUE VOCÊ ACHA QUE ESTÁ ESCRITO NO TEXTO?

_____

_____

SUCO DA WENDI

INGREDIENTES

- 5 GARRAFINHAS DE LEITE FERMENTADO;
- 3 *KIWIS*;
- 5 COLHERES DE SOPA DE LEITE CONDENSADO;
- FOLHINHAS DE HORTELÃ A GOSTO;
- GELO A GOSTO.

MODO DE FAZER

1. COM A AJUDA DE UM ADULTO, BATA NUM LIQUIDIFICADOR OS *KIWIS* (DESCASCADOS) COM O LEITE FERMENTADO, O LEITE CONDENSADO, AS FOLHINHAS DE HORTELÃ E O GELO.
2. SE QUISER, ACRESCENTE UM POUCO DE ÁGUA FILTRADA.
3. AGORA É SÓ SERVIR.

DICA: VOCÊ PODE ENFEITAR O COPO COM UM PEDAÇO DA FRUTA CORTADA OU COM FOLHINHAS DE HORTELÃ PRESAS NA BORDA.

2 RESPONDA ORALMENTE: PARA QUE LEMOS TEXTOS COMO ESSE?

3 COPIE OS TÍTULOS DAS PARTES DESSE TEXTO.

REVENDO O QUE VOCÊ APRENDEU

1 ORGANIZE AS PALAVRAS EM ORDEM ALFABÉTICA, ESCREVENDO-AS COM LETRA CURSIVA.

quiriri   pintassilgo   noivinha   zabumba

1º _____   3º _____

2º _____   4º _____

2 LEIA OS NOMES DE PESSOAS E OBSERVE AS LETRAS DESTACADAS.

VANESSA	**W**ANESSA
IÚRI	**Y**ÚRI
CÁTIA	**K**ÁTIA

◆ MARQUE A FRASE CORRETA:

☐ ALGUNS NOMES DE PESSOAS PODEM SER ESCRITOS COM **C** OU **K**, COM **V** OU **W** E COM **I** OU **Y**.

☐ OS NOMES DE PESSOAS NÃO PODEM SER ESCRITOS COM **K**, **W** E **Y**.

UNIDADE 3
Mais palavras e outros animais

Cegonha rima com fronha
E girafa com garrafa.
A barata é mesmo ingrata.
O cachorro sobe no morro.
A galinha balança na linha.
A anta quer logo a janta.
O pombo não leva tombo.
O quati? Quero ele aqui!

A autora.

CAPÍTULO 1

CE CI
ce ci

CEGONHA
cegonha

DIÁLOGO INICIAL

1 ANALISE A IMAGEM E RESPONDA ÀS QUESTÕES.

▶ Refeição da cegonha-negra.

2 EM QUE LUGAR AS CEGONHAS COSTUMAM ENCONTRAR SEUS ALIMENTOS?

3 O QUE A CEGONHA ESTÁ FAZENDO?

LER E ESCREVER PARA...

CONTAR

1 NAS HISTÓRIAS, MUITAS VEZES, OS PERSONAGENS SÃO ANIMAIS E TÊM CARACTERÍSTICAS ESPECÍFICAS. O COELHO É LIGEIRO, A TARTARUGA É MAIS LENTA... E A RAPOSA, COMO COSTUMA SER? NAS HISTÓRIAS, EM GERAL, A RAPOSA APARECE COMO UM ANIMAL INGÊNUO OU ESPERTO?

_____

_____

2 LEIA A FÁBULA COM O PROFESSOR E CONHEÇA A HISTÓRIA.

A cegonha e a raposa

Um dia a raposa, que era amiga da cegonha, convidou-a para jantar.

Mas preparou para a amiga uma porção de comidas moles, líquidas, que ela servia sobre uma pedra lisa.

Ora, a cegonha, com seu longo bico, por mais que se esforçasse só conseguia bicar a comida, machucando seu bico e não comendo nada.

A raposa insistia para que a cegonha comesse, mas ela não conseguia, e acabou indo para a casa com fome.

Então a cegonha, em outra ocasião, convidou a raposa para jantar com ela.

Preparou comidas cheirosas e colocou em vasos compridos e altos, onde seu bico entrava com facilidade, mas o focinho da raposa não alcançava.

Foi a vez da raposa voltar para casa desapontada e faminta.

Ruth Rocha. *Fábulas de Esopo*. Ed. reformulada. São Paulo: Salamandra, 2010. p. 36-37.

AGORA RESPONDA A ALGUMAS PERGUNTAS E FAÇA O QUE SE PEDE.

3 VOCÊ CONHECE OUTRAS HISTÓRIAS EM QUE ANIMAIS SÃO PERSONAGENS? LEMBRA-SE DAS CARACTERÍSTICAS DELES? CONTE AOS COLEGAS E AO PROFESSOR.

4 USE AS LETRAS MÓVEIS E ESCREVA O NOME DO PERSONAGEM QUE TEVE DIFICULDADE PARA COMER:

a) em vasos compridos: _____

b) na pedra lisa: _____

5 NO INÍCIO DA FÁBULA APARECE ESTE TRECHO:

> A raposa, que era amiga da cegonha [...].

- Você concorda com isso? Justifique oralmente.

6 EM SUA OPINIÃO, POR QUE OS PERSONAGENS TIVERAM DIFICULDADE PARA COMER? RESPONDA ORALMENTE.

7 QUAL SOLUÇÃO VOCÊ DARIA PARA RESOLVER AS DIFICULDADES ENFRENTADAS PELOS PERSONAGENS? RESPONDA ORALMENTE.

ATIVIDADES

1 REESCREVA AS SÍLABAS COM LETRA CURSIVA.

| Ce | Ci | ce | ci |

2 LEIA AS PALAVRAS E ESCREVA-AS NO QUADRO CORRESPONDENTE.

cena   cipó   cera   recibo   bacia   vacina
cebola   cedo   macio   doce   cidade   saci

CE	CI

3 LEIA AS PALAVRAS. EM SEGUIDA, PINTE AS VOGAIS QUE ESTÃO DEPOIS DA LETRA **C** (USE COR CLARA) E COMPLETE A FALA DO PAPI.

a) c i d a d e
b) d o c e
c) c e b o l a
d) m a c i a

NESSAS PALAVRAS, DEPOIS DA LETRA **C**, APARECEM AS VOGAIS _____ , _____ .

4 NAS PALAVRAS DA ATIVIDADE ANTERIOR, O **CE** E O **CI** TÊM O MESMO SOM QUE EM **CEGONHA** E **CIPÓ**?

a) ☐ Sim.   b) ☐ Não.

5 LEIA AS PALAVRAS, CIRCULE AS VOGAIS QUE APARECEM DEPOIS DA LETRA **C** E COMPLETE A FALA DO PAPI.

a) c a j u

b) c o r u j a

c) c u t i a

NESSAS PALAVRAS, DEPOIS DA LETRA **C**, APARECEM AS VOGAIS _____ , _____ , _____ .

6 NAS PALAVRAS DA ATIVIDADE ANTERIOR, O **CA**, O **CO** E O **CU** TÊM O MESMO SOM QUE EM **CEGONHA** E **CIPÓ**?

a) ◯ Sim.

b) ◯ Não.

7 LEIA AS PALAVRAS PRESTANDO ATENÇÃO NO SOM DE **CA**, **CE**, **CI**, **CO**, **CU**. DEPOIS ESCREVA-AS NO QUADRO ADEQUADO.

cadeira   comida   cutia   ciranda   cebola   Caio   morcego

Mesmo som que em **cegonha** e **cipó**	Mesmo som que em **calo** e **cola**

BAÚ DE INFORMAÇÕES

Cegonha-branca

As cegonhas-brancas são aves de grande porte e de hábitos migratórios. Elas chegam a medir 1 metro de altura e a pesar 3 kg. As adultas têm o pescoço comprido com coloração branca, asas negras e bico e pés avermelhados.

VOCABULÁRIO

Hábito migratório: é o costume de ir para outros locais periodicamente.
Porte: tamanho.

▶ Cegonha.

8 CONSIDERANDO OS TEXTOS *A CEGONHA E A RAPOSA* E *CEGONHA-BRANCA*, RESPONDA ÀS QUESTÕES E FAÇA O QUE SE PEDE.

a) A cegonha aparece nos dois textos? _____

b) Os dois textos tratam do mesmo assunto? _____

c) Escreva o título do texto que é:

- fábula; _____
- informativo. _____

PRODUÇÃO DE TEXTO

≫ Reescrita de fábula

1 REESCREVA NO CADERNO A FÁBULA *A CEGONHA E A RAPOSA* USANDO OS PROCEDIMENTOS DE REESCRITA INDICADOS PELO PROFESSOR.

REVENDO O QUE VOCÊ APRENDEU

1 MARQUE **X** EM **SIM** OU **NÃO**.

	Sim	Não
Nas palavras **casa**, **cavalo**, **ciranda** e **cebola**, a letra **c** tem sempre o mesmo som?		

2 LEIA AS PALAVRAS E OBSERVE AS SÍLABAS DESTACADAS:

casa   **co**mida   fo**ci**nho

Em qual palavra o som representado pela letra **c** é igual ao som da sílaba **ce** em **cegonha**? _____

3 OBSERVE A QUANTIDADE DE LETRAS QUE FORMAM CADA PALAVRA E ESCREVA-AS NA COLUNA ADEQUADA.

cena   cipó   cera   macio   vacina   bacia

4 letras	5 letras	6 letras

CAPÍTULO 2

GE GI ge gi

GIRAFA
girafa

DIÁLOGO INICIAL

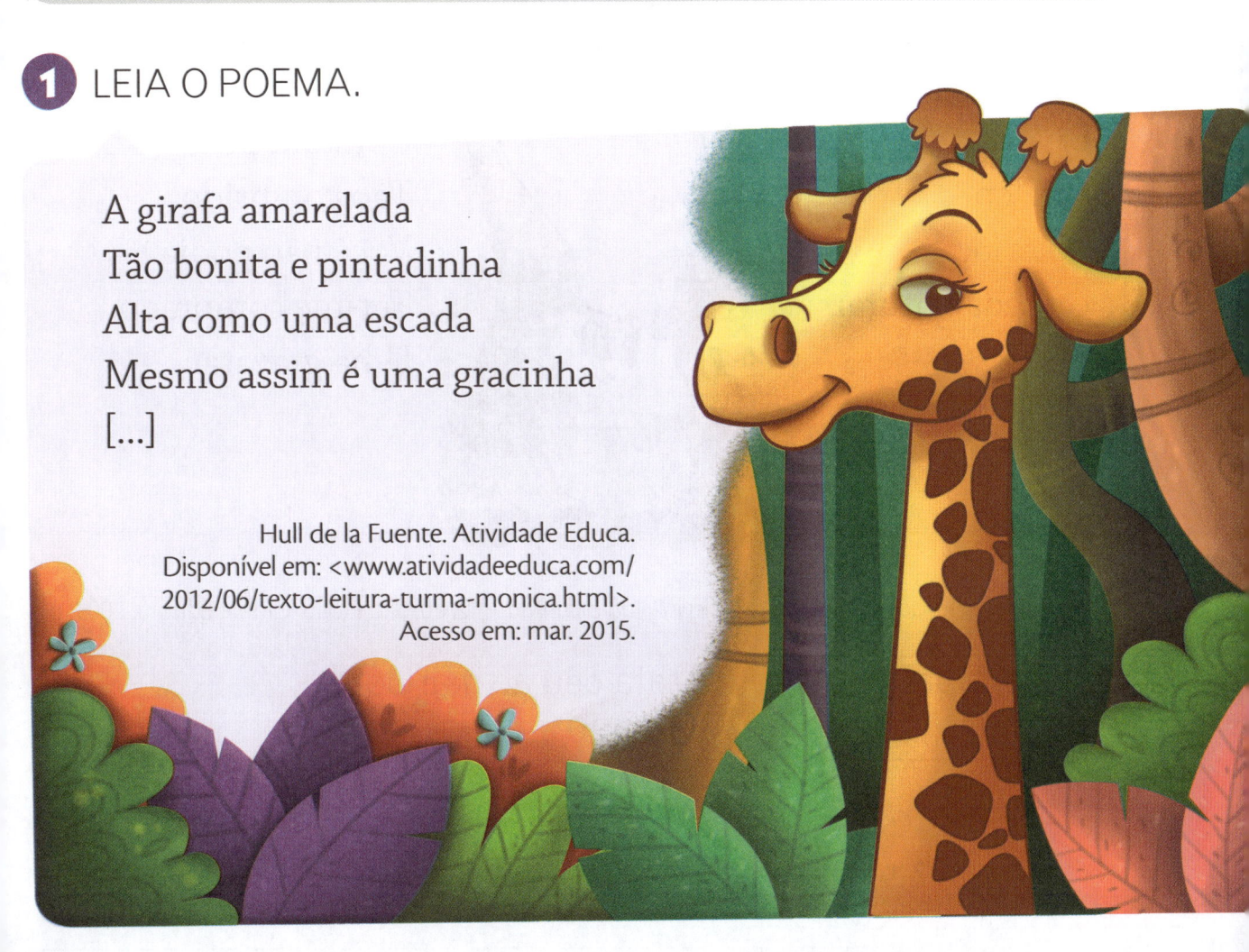

1 LEIA O POEMA.

A girafa amarelada
Tão bonita e pintadinha
Alta como uma escada
Mesmo assim é uma gracinha
[...]

Hull de la Fuente. Atividade Educa. Disponível em: <www.atividadeeduca.com/2012/06/texto-leitura-turma-monica.html>. Acesso em: mar. 2015.

2 QUANTAS SÍLABAS TEM A PALAVRA **GIRAFA**?

3 NA PALAVRA **GIRAFA**, SE A ÚLTIMA SÍLABA FOR RETIRADA, QUE PALAVRA SERÁ FORMADA?

LER E ESCREVER PARA...

RECITAR

1 LEIA O POEMA E RESPONDA ÀS QUESTÕES.

Presente

A girafa deu
Ao seu
Marido
No dia
De natal
Um lenço
Colorido
De seda natural.

Que alegria!
– disse o marido –
Ponha a pata
Nesta pata,
Com um pescoço
Tão comprido
Você não podia
Ter-me comprado
Uma gravata.

Sidónio Muralha. *A televisão da bicharada*. 12. ed. São Paulo: Global Editora, 2009. p. 5.

a) Qual presente a girafa deu ao marido?
_____
_____

b) Por que a girafa deu um presente ao marido?
_____

c) O marido da girafa gostou do presente?
_____

ATIVIDADES

1 REESCREVA A FRASE COM LETRA CURSIVA.

O marido da girafa ganhou um lenço!

2 LEIA AS PALAVRAS E LIGUE CADA UMA À ILUSTRAÇÃO CORRESPONDENTE.

a) gelo

b) mágico

c) girafa

d) gibi

e) tigela

3 NUMERE AS PALAVRAS NA ORDEM QUE O PROFESSOR DITAR E DEPOIS SEPARE-AS EM SÍLABAS.

a) ◯ gelo ➡ ☐ – ☐

b) ◯ mágico ➡ ☐ – ☐ – ☐

c) ◯ girafa ➡ ☐ – ☐ – ☐

d) ◯ gibi ➡ ☐ – ☐

e) ◯ tigela ➡ ☐ – ☐ – ☐

> REPARE QUE FALAMOS **GE** E **GI** COM SOM DE **J**! DIFERENTE DE **GA, GO, GU**.

4 OBSERVE AS ILUSTRAÇÕES E, NA COLUNA ADEQUADA, ESCREVA A PALAVRA QUE CORRESPONDE A CADA UMA.

Palavras que começam como gelo e girafa	Palavras que começam como gato e gola

LER E ESCREVER PARA...

INFORMAR

1 LEIA, COM O PROFESSOR, ESTE TEXTO INFORMATIVO.

Girafa

A girafa é o animal mais alto do mundo, podendo chegar a quase 6 metros. Há relatos de uma girafa que viveu num zoológico do Quênia, no século passado, cuja estatura era 5,8 metros. O peso de uma girafa macho pode chegar a 1400 quilos e, apesar disso, em situações de perigo, pode desenvolver velocidade superior aos 50 quilômetros por hora. A estimativa de vida das girafas gira na faixa de 15 a 20 anos.

▶ Girafa.

Disponível em: <www.infoescola.com/animais/girafa/>. Acesso em: jul. 2015.

2 RESPONDA ÀS QUESTÕES DE ACORDO COM O TEXTO.

a) Qual é o animal mais alto do mundo? _____

b) Quanto uma girafa macho pode pesar?

_____

c) Quantos anos uma girafa pode viver? _____

PRODUÇÃO DE TEXTO

≫ Reescrita de texto informativo

1 REESCREVA, NO CADERNO, O TEXTO INFORMATIVO *GIRAFA*. LEMBRE-SE DE EMPREGAR FRASES SUAS, NÃO FAÇA CÓPIA DO TEXTO.

2 REVISE O QUE ESCREVEU E FAÇA AS CORREÇÕES NECESSÁRIAS. COPIE O TEXTO EM UMA FOLHA À PARTE, QUE SERÁ EXPOSTA NO MURAL DA SALA DE AULA.

REVENDO O QUE VOCÊ APRENDEU

1 RESPONDA ESCREVENDO **X** EM **SIM** OU **NÃO**.

	Sim	Não
A sílaba **ge** é pronunciada como as sílabas **ga**, **go** e **gu**?		
A sílaba **gi** é pronunciada como as sílabas **ga**, **go** e **gu**?		

2 O TEXTO A SEGUIR FORNECE ALGUMAS INFORMAÇÕES SOBRE TRÊS ANIMAIS. LEIA-O E, EM SEGUIDA, ESCREVA ABAIXO DAS FOTOGRAFIAS O NOME DOS ANIMAIS DE ACORDO COM AS INFORMAÇÕES.

O gorila não chega a ser tão alto como a girafa, mas pode atingir 1,90 metro de altura. A gazela, por sua vez, não chama atenção pela altura, mas por ser magra e ter chifres longos. O canguru tem cabeça pequena e cauda longa, que usa para apoio e equilíbrio; ele locomove-se por meio de saltos.

a)

b)

c)

CAPÍTULO 3

Rr
Entre vogais

BARATA
barata

DIÁLOGO INICIAL

1 LEIA A CANTIGA.

A barata diz que tem

A barata diz que tem
sete saias de filó
é mentira da barata,
ela tem é uma só
ha, ha, ha, ho, ho, ho,
ela tem é uma só!

A barata diz que dorme
numa colcha de cetim
é mentira da barata,
ela dorme é no capim
ha, ha, ha, ho, ho, ho,
ela dorme é no capim!

Cantiga.

2 **BARATA** RIMA COM QUE PALAVRA ABAIXO?

a) ◯ Piolho.   b) ◯ Batata.   c) ◯ Pulga.

203

LER E ESCREVER PARA...

BRINCAR

1 LEIA A LETRA DA CANTIGA COM O PROFESSOR.

> Eu vi uma barata
> Na careca do vovô
> Assim que ela me viu
> Bateu asas e voou.
>
> Cantiga.

2 RELEIA O PRIMEIRO E O SEGUNDO VERSO E COMPLETE A FRASE.

Onde a barata estava?

A barata estava na _____ do vovô.

3 OBSERVE AS PALAVRAS **BARATA** E **CARECA** SEPARADAS EM SÍLABAS.

ba – ra – ta   ca – re – ca

Nessas duas palavras, a letra **r** está entre vogais ou entre consoantes?

_____

4 RELEIA ESTE VERSO.

> Assim que ela me viu

Quem será que a barata viu? Marque a frase certa:

a) ☐ a barata viu o vovô.

b) ☐ a barata viu uma menina ou um menino.

c) ☐ a barata viu um pássaro batendo as asas.

5 O QUE A BARATA FEZ? CIRCULE, NA LETRA DA CANTIGA, O VERSO QUE INDICA SUA REAÇÃO.

6 CIRCULE NA CENA A SEGUIR O QUE **NÃO** ESTÁ DE ACORDO COM A CANTIGA.

ATIVIDADES

1 REESCREVA A FRASE COM LETRA CURSIVA.

Eu vi uma barata.

2 COM OS COLEGAS, LEIA, EM VOZ ALTA, O NOME DE ALGUNS ANIMAIS.

- RA-TO
- CO-RU-JA
- PE-RU
- RE-NA
- GI-RA-FA
- PE-RE-RE-CA

▶ Rena.

a) Pinte, de amarelo, as palavras em que o **r** tem som **forte**, como em **raposa**, e, de verde, as palavras em que o **r** tem som **fraco**, como em **barata**.

b) Observe as palavras pintadas de amarelo. O **r** forte está:

◯ no início das palavras.   ◯ no meio das palavras.

c) Nas palavras pintadas com verde, a letra que vem antes do **r** e **depois dele**:

◯ é vogal.   ◯ é consoante.

3 AGORA COMPLETE AS FALAS DO PAPI.

A LETRA **R** NO INÍCIO DA PALAVRA TEM UM SOM _____.

A LETRA **R** ENTRE DUAS VOGAIS TEM UM SOM _____.

PRODUÇÃO DE TEXTO

≫ Reescrita de cantiga

1 REESCREVA EM SEU CADERNO A CANTIGA DA BARATA E DO VOVÔ, MUDANDO O NOME DO INSETO E O QUE ELE FEZ QUANDO PERCEBEU QUE FOI VISTO.

PARA IR MAIS LONGE

Livro

▶ *A barata medrosa e o coronel baratinado*
Autora: Luzia de Maria.
Editora Scipione. Coleção Dó-Ré-Mi-Fá.

O que será que acontece quando há o encontro entre uma barata medrosa e um coronel que não tem medo de nada?

Medo e coragem frente a frente! Até os mais corajosos podem levar um grande susto.

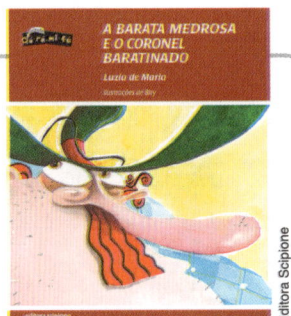

REVENDO O QUE VOCÊ APRENDEU

1 FAÇA UM **X** NA AFIRMATIVA CORRETA.

a) ◯ A letra **r** no início da palavra tem um som forte, como em **raposa**.

b) ◯ A letra **r** entre duas vogais tem som fraco, como em **cara**.

2 LEIA AS PALAVRAS E PINTE O QUADRO DAQUELA EM QUE A LETRA **R** TEM SOM FRACO.

| rato | rede | amarelo |
| relógio | cara | caramelo |

CAPÍTULO 4 — RR rr

CACHORRO
cachorro

DIÁLOGO INICIAL

1 LEIA A TIRINHA COM O PROFESSOR.

Tira da Turma da Mônica, de Mauricio de Sousa.

2 QUEM É FRANJINHA?

3 CONTE QUANTAS LETRAS TEM A PALAVRA **CACHORRO**.

4 SE AS TRÊS LETRAS FINAIS DA PALAVRA **CACHORRO** FOREM RETIRADAS, OUTRA PALAVRA SERÁ FORMADA. QUAL É?

5 POR QUE A MÃE DE FRANJINHA DIZ QUE ELE NÃO ENTENDEU DIREITO O QUE ELA DISSE?

6 VOCÊ CONCORDA COM A AFIRMAÇÃO DE QUE O CACHORRO É O MELHOR AMIGO DO HOMEM?

LER E ESCREVER PARA...

RECITAR

1 LEIA O POEMA COM O PROFESSOR.

A cachorrinha

Mas que amor de cachorrinha!
Mas que amor de cachorrinha!

Pode haver coisa no mundo
Mais branca, mais bonitinha
Do que a tua barriguinha
Crivada de mamiquinha?
Pode haver coisa no mundo

Mais travessa, mais tontinha
Que esse amor de cachorrinha
Quando vem fazer festinha
Remexendo a traseirinha?

VOCABULÁRIO

Crivar: é o mesmo que encher, cobrir.
Mamiquinha: é uma mama pequena.

Vinicius de Moraes. *A arca de noé: poemas infantis.*
São Paulo: Companhia das Letras; Editora Schwarcz, 1991. p. 49.

2 O POEMA FALA DE AMOR. COMO É DEMONSTRADO NELE O AMOR PELA CACHORRINHA? MARQUE UM **X** NAS RESPOSTAS QUE ACHAR CORRETAS.

a) ☐ Com palavras que indicam carinho, como "amor" e "mais bonitinha".

b) ☐ Com palavras que indicam que o animal é pequeno, como "cachorrinha" e "bonitinha".

c) ☐ Com palavras que indicam qualidades da cachorrinha, como "travessa" e "tontinha".

d) ☐ Com palavras que indicam que o cão é o melhor amigo das pessoas.

3 O POEMA É INICIADO COM ESTE VERSO:

> Mas que amor de cachorrinha!

❖ Para você, qual das características a seguir faz a cachorrinha do poema ser um amor?

a) ☐ Ela ter barriguinha branca e bonitinha.

b) ☐ Ela ser travessa e tontinha.

c) ☐ Ela fazer festinha remexendo a traseirinha.

4 LEIA AS PALAVRAS E PINTE AS QUE RIMAM COM **CACHORRINHA**.

- bonitinha
- tontinha
- barriguinha
- coisa
- mundo
- festinha

5 NO POEMA, PINTE AS PALAVRAS QUE TÊM **RR** E COPIE-AS A SEGUIR.

_____
_____
_____

BRINCAR E APRENDER

1 DE QUEM É A VOZ? LIGUE CADA ANIMAL A SEU RESPECTIVO BALÃO DE FALA PARA FORMAR A LETRA DA MÚSICA.

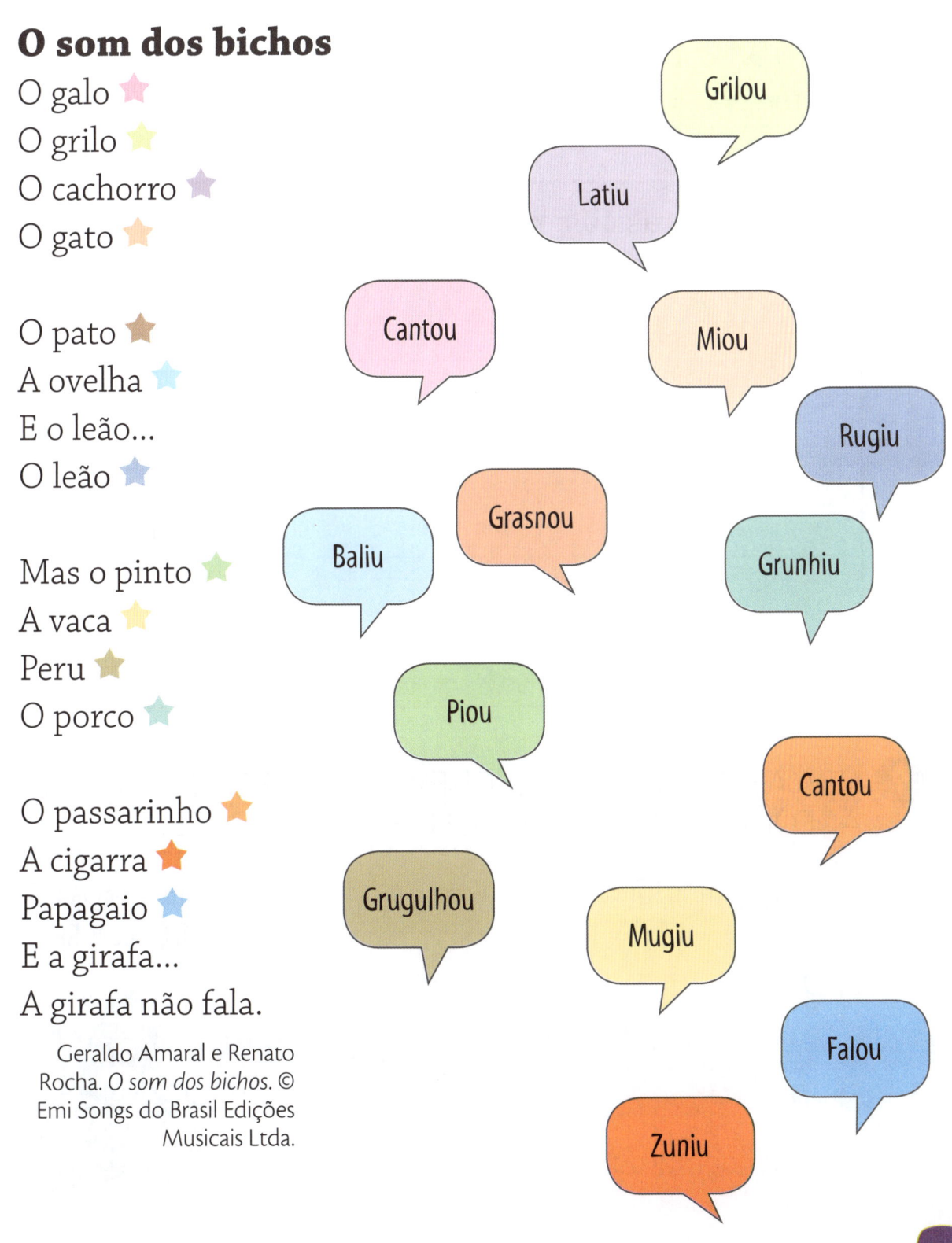

O som dos bichos

O galo ★
O grilo ★
O cachorro ★
O gato ★

O pato ★
A ovelha ★
E o leão...
O leão ★

Mas o pinto ★
A vaca ★
Peru ★
O porco ★

O passarinho ★
A cigarra ★
Papagaio ★
E a girafa...
A girafa não fala.

Geraldo Amaral e Renato Rocha. *O som dos bichos*. © Emi Songs do Brasil Edições Musicais Ltda.

Grilou

Latiu

Cantou

Miou

Rugiu

Grasnou

Baliu

Grunhiu

Piou

Cantou

Grugulhou

Mugiu

Falou

Zuniu

ATIVIDADES

1 LEIA AS PALAVRAS E ESCREVA-AS NA COLUNA ADEQUADA.

> rio   carro   reta   morro   roupa   rua
> torre   burro   beterraba   cigarra   remo   martelo

Palavras com **rr**	Palavras com **r**

2 LEIA AS PALAVRAS E ESCREVA A QUE FOR MAIS ADEQUADA PARA COMPLETAR CADA FRASE.

> muro   murro

a) O _____ do quintal caiu.

> caro   carro

b) Papai comprou um _____ novo.

NENHUMA PALAVRA COMEÇA COM **RR**.

3 SEPARE AS SÍLABAS DAS PALAVRAS. VEJA O EXEMPLO.

carro ➡ car – ro

caro ➡ ca – ro

a) murro ➡ ☐ – ☐
b) muro ➡ ☐ – ☐
c) morro ➡ ☐ – ☐
d) moro ➡ ☐ – ☐
e) arranha ➡ ☐ – ☐ – ☐
f) aranha ➡ ☐ – ☐ – ☐
g) torra ➡ ☐ – ☐
h) tora ➡ ☐ – ☐

PRODUÇÃO DE TEXTO

≫ Reconto

1 LEIA A TIRA. É IMPORTANTE LER UM QUADRINHO POR VEZ E OBSERVAR AS IMAGENS E O QUE OS PERSONAGENS FAZEM.

Tira da *Turma da Mônica*, de Mauricio de Sousa.

2 DIGA AOS COLEGAS O QUE ACONTECE EM CADA QUADRINHO E TENTE EXPLICAR A HISTÓRIA A ELES.

3 OUÇA AS ORIENTAÇÕES QUE O PROFESSOR LERÁ.

REVENDO O QUE VOCÊ APRENDEU

1 A AFIRMATIVA ABAIXO ESTÁ CERTA OU ERRADA?

a) Nenhuma palavra começa com **rr**.

◯ errada ◯ certa

b) O **r** no início de palavras representa um som forte.

◯ errada ◯ certa

2 COMPLETE O DIAGRAMA DE PALAVRAS DE ACORDO COM OS DESENHOS.

CAPÍTULO 5

NH nh

GALINHA
galinha

DIÁLOGO INICIAL

1 LEIA ESTES VERSOS COM O PROFESSOR.

Com as gemas de seis ovos
Da galinha carijó,
A mamãe fez, outro dia,
Um gostoso pão de ló.

> Walter Nieble de Freitas. *Mil quadrinhas escolares, poesia*. Editora Difusora Cultural. São Paulo, 1966.

2 NUMERE OS VERSOS, NA SEGUNDA COLUNA, DE ACORDO COM AS INDICAÇÕES DA PRIMEIRA COLUNA.

Indicações	Versos
1. O que foi feito. 2. O personagem que fez. 3. O que foi usado.	◯ Com as gemas de seis ovos ◯ A mamãe fez, outro dia, ◯ Um gostoso pão de ló.

CONVERSANDO TAMBÉM SE APRENDE

1 VOCÊ CONHECE A HISTÓRIA DA GALINHA RUIVA? SE SOUBER, CONTE-A PARA OS COLEGAS.

LER E ESCREVER PARA...

RECITAR

1 LEIA OS VERSOS COM O PROFESSOR.

Espalhafato

A galinha do vizinho
Fez um espalhafato,
Dizendo pra todo povo:
– Botei ovo! Botei ovo!
Mas era só boato...

Elias José. *Boneco maluco e outras brincadeiras.* Porto Alegre: Editora Projeto, 1999. p. 15.

VOCABULÁRIO

Boato: é uma notícia falsa.

2 MARQUE UM **X** NA CENA QUE ESTÁ DE ACORDO COM OS VERSOS E PINTE-A.

a) ☐

b) ☐

3 A PALAVRA **GALINHA** TEM QUANTAS LETRAS?

_____

4 E QUANTAS CONSOANTES E VOGAIS?

_____

5 SE RETIRAR A PRIMEIRA SÍLABA DA PALAVRA **GALINHA**, QUE PALAVRA IRÁ ENCONTRAR? _____

6 DE QUEM É A GALINHA? COMPLETE A RESPOSTA.

A galinha é do _____.

7 RELEIA ESTES VERSOS E SUBLINHE O QUE A GALINHA DISSE.

> Dizendo pra todo povo:
> – Botei ovo! Botei ovo!

ATIVIDADES

1 LEIA AS PALAVRAS E CIRCULE AS QUE SÃO NOMES DE ANIMAIS.

> unha   galinha   rainha   cozinha   cegonha
> aranha   pinheiro   gafanhoto   linha   ninho

Escreva as palavras que você circulou com letra cursiva.

_____
_____
_____
_____

2 OBSERVE O MODELO E ESCREVA A PALAVRA ADEQUADA A CADA CASO:

> Quando a palavra termina com **inho/inha** e indica diminuição de tamanho, ela está no **diminutivo**.

boca pequena ➡ boqu**inha**

a) faca pequena ➡ _____

b) sapo pequeno ➡ _____

c) gata pequena ➡ _____

3 LEIA AS PALAVRAS E ESCREVA-AS NA COLUNA ADEQUADA. OBSERVE O EXEMPLO.

~~ovinho~~ ~~carinho~~ menininha copinho farinha
leitinho galinha dedinho linha mãozinha caminho

Palavra que indica diminuição de tamanho	Palavra que não indica diminuição de tamanho
ovinho	carinho

PRODUÇÃO DE TEXTO

≫ Reescrita de poema

1 MEMORIZE O POEMA "ESPALHAFATO" E REESCREVA-O EM UMA FOLHA AVULSA SEM COPIÁ-LO. ANTES OUÇA AS ORIENTAÇÕES QUE O PROFESSOR LERÁ PARA A TURMA.

Orientações para a produção do texto

Antes da produção

Relembre o poema, recitando-o.

Durante a produção do texto

Recite o poema bem devagar e escreva cada verso que recitar.

Depois da produção do texto

Confira o que escreveu recitando novamente o poema enquanto aponta cada palavra com o dedo. Veja se está tudo em ordem e, se não estiver, altere o que for necessário.

BRINCAR E APRENDER

O que é, o que é?
Qual é o cavalo que mais gosta de tomar banho?

Adivinha.

1 CIRCULE A RESPOSTA.

a) cavalo do mato   b) cavalo da cidade   c) cavalo-marinho

REVENDO O QUE VOCÊ APRENDEU

1 SEPARE AS SÍLABAS DAS PALAVRAS E RESPONDA ÀS QUESTÕES.

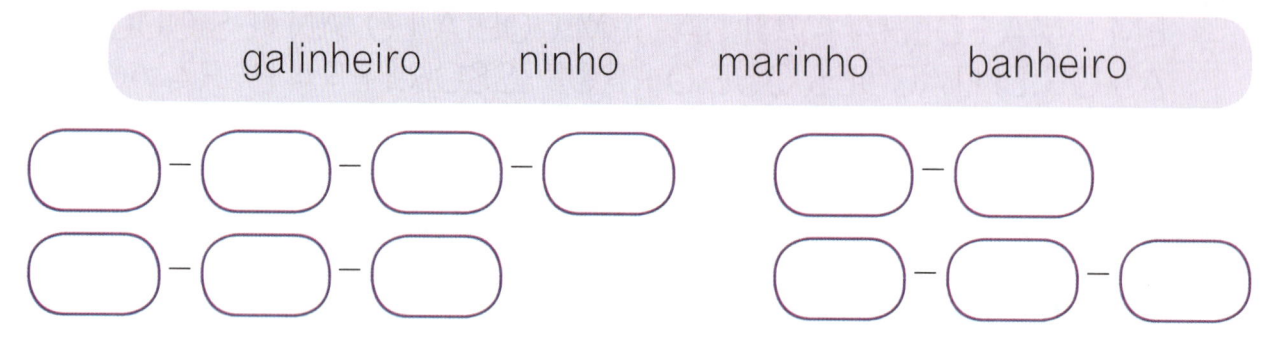

galinheiro   ninho   marinho   banheiro

◯-◯-◯-◯   ◯-◯
◯-◯-◯   ◯-◯-◯

a) A terceira sílaba da palavra **galinheiro** é formada por quantas letras?

b) A segunda sílaba da palavra **ninho** é formada por quantas letras?

c) Na separação de sílabas, o **n** e o **h** ficam em sílabas diferentes?

◯ Sim.   ◯ Não.

2 ENCONTRE NO DIAGRAMA AS PALAVRAS QUE NOMEIAM O QUE ESTÁ REPRESENTADO NAS IMAGENS.

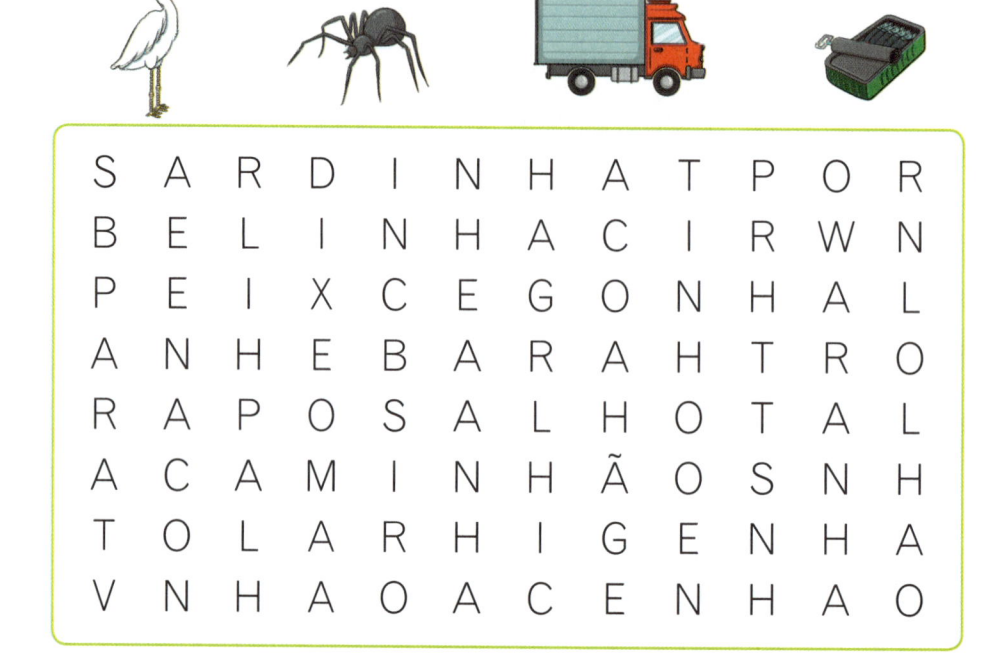

S	A	R	D	I	N	H	A	T	P	O	R
B	E	L	I	N	H	A	C	I	R	W	N
P	E	I	X	C	E	G	O	N	H	A	L
A	N	H	E	B	A	R	A	H	T	R	O
R	A	P	O	S	A	L	H	O	T	A	L
A	C	A	M	I	N	H	Ã	O	S	N	H
T	O	L	A	R	H	I	G	E	N	H	A
V	N	H	A	O	A	C	E	N	H	A	O

220

CAPÍTULO 6 — AN an

ANTA
anta

DIÁLOGO INICIAL

1 OBSERVE A FOTOGRAFIA ACIMA E LEIA A FRASE COM O PROFESSOR.

> A anta tem cauda curta e focinho parecido com tromba.

2 EM SUA OPINIÃO, QUAL AFIRMATIVA É CORRETA?

a) ⬜ A frase pode ser usada como verso para a fotografia.

b) ⬜ frase pode ser usada como legenda para a fotografia.

3 QUAL PALAVRA INDICA O ANIMAL DA FOTOGRAFIA?

4 ACOMPANHE AS INDICAÇÕES.

> Anta: palavra formada por 4 letras, 2 vogais, 2 consoantes.

◆ Se a primeira consoante for retirada da palavra, o sentido continuará o mesmo?

LER E ESCREVER PARA...

INFORMAR

1 LEIA O TEXTO COM O PROFESSOR.

A anta

A característica mais distinta da anta é sua narina, longa e flexível, que parece uma pequena tromba. Possui corpo robusto, cauda e olhos pequenos, crina sobre o pescoço e coloração marrom-acinzentada.

A anta. Proanta. Disponível em: <www.proanta.com.br/anta/5-tapirus-terrestris.html>. Acesso em: jul. 2015.

2 FAÇA O QUE SE PEDE.

a) O que a anta tem sobre o pescoço?

_____

b) No texto, são mencionadas partes do corpo da anta. Circule as palavras que as indicam.

nariz	narina	rabo	cabelos
olhos	orelhas	pescoço	pernas
dentes	cauda	tronco	crina

3 FAÇA UM **X** NAS INFORMAÇÕES FORNECIDAS PELO TEXTO.

a) ◯ O significado da palavra anta.
b) ◯ Os hábitos alimentares da anta.
c) ◯ Características físicas da anta.
d) ◯ Informação sobre a inteligência da anta.
e) ◯ Local onde vivem as antas.

ATIVIDADES

1 LEIA AS PALAVRAS E PINTE AS QUE INDICAM O NOME DAS IMAGENS. DEPOIS CIRCULE O QUE ELAS TÊM DE DIFERENTE.

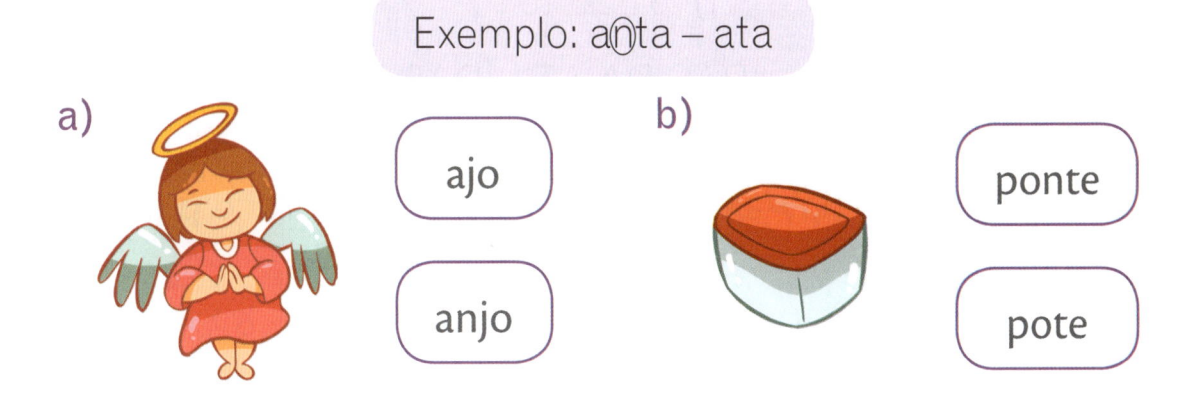

Exemplo: a(n)ta – ata

a) ajo / anjo

b) ponte / pote

2 LEIA AS PALAVRAS E CIRCULE A CONSOANTE **N**.

p o n te

m a n ta

m u n d o

a) Se a consoante **n** for retirada, formam-se outras palavras. Escreva-as.

_____ _____ _____

b) Fale as palavras a seguir prestando atenção no som das vogais destacadas.

ponte/pote   manta/mata   mundo/mudo

◆ Em cada dupla de palavras, o som das vogais destacadas é igual ou diferente? Converse com os colegas e o professor sobre o que ocorre.

3 COMPLETE OS ESPAÇOS COM **AN**, **EN**, **IN**, **ON** OU **UN**, FORME AS PALAVRAS E PINTE A CONSOANTE QUE VEM LOGO DEPOIS DO **N**.

a) f ___ te
b) ___ dio
c) j ___ tar
d) p ___ tar
e) ___ ça
f) p ___ te
g) m ___ do
h) m ___ ga
i) d ___ te

4 OBSERVE AS PALAVRAS DA ATIVIDADE **3**.

a) Quais consoantes aparecem depois do **n**? _____.

b) Há alguma palavra em que depois do **n** aparece **p** ou **b**? _____.

5 LEIA AS PALAVRAS E SEPARE-AS EM SÍLABAS.

a) monte → ☐ – ☐
b) ponte → ☐ – ☐
c) conte → ☐ – ☐
d) fonte → ☐ – ☐

6 LEIA AS PALAVRAS E ORGANIZE-AS PARA FORMAR FRASES.

a) A dentes. anta escova não os

_____

b) canjica. Edu comeu

_____

NOMES DE PESSOA E DE LUGAR COMEÇAM COM LETRA MAIÚSCULA. A PRIMEIRA LETRA DA FRASE TAMBÉM É MAIÚSCULA.

LER E ESCREVER PARA...
CONTAR

1 LEIA O TEXTO.

A festa na floresta

Quem é que foi
Fazer seresta
Naquela festa
Lá da floresta?
[...]
O urso panda
Regia a banda,
Fazendo o ganso,
Com seu balanço,
Cair na dança,
Levando a gansa.
[...]

Ciça e Claudio Martins. *A festa na floresta*. Rio de Janeiro: Nova Fronteira, 2005. p. 4 e 20. © Ciça Alves Pinto. Publicado mediante autorização.

PRODUÇÃO DE TEXTO

≫ Lista e convite

1 EM SEU CADERNO, FAÇA UMA LISTA DOS ANIMAIS QUE FORAM À FESTA DO TEXTO DA PÁGINA ANTERIOR.

2 SE VOCÊ TIVESSE ORGANIZADO A FESTA NA FLORESTA E QUISESSE CONVIDAR ALGUNS ANIMAIS, COMO SERIA O CONVITE QUE ENVIARIA A ELES? PRODUZA O CONVITE EM UMA FOLHA À PARTE.

REVENDO O QUE VOCÊ APRENDEU

1 LEIA AS FRASES E MARQUE COM **X** AS CORRETAS.

Exemplo: pote e ponte.

a) ◯ A letra **n** no final da sílaba muda o som da vogal.

b) ◯ A letra **n** é usada antes das consoantes **c**, **d**, **f**, **g**, **j**, **l**, **q**, **r**, **s**, **t**, **v**, **x** e **z**.

c) ◯ A letra **n** não é usada antes das consoantes **b** e **p**.

2 COMPLETE AS PALAVRAS COM AS CONSOANTES **M** OU **N**.

a) ca ___ po

b) ci ___ tura

c) ta ___ bor

d) vale ___ te

e) li ___ peza

f) seme ___ te

g) mora ___ go

h) tro ___ co

i) ma ___ so

j) po ___ ba

k) ca ___ balhota

l) pi ___ ça

CAPÍTULO 7 — OM om

POMBO
pombo

DIÁLOGO INICIAL

1 LEIA O TRECHO DA LETRA DE MÚSICA A SEGUIR.

> Pombo-correio,
> Voa depressa
> E esta carta leva
> Para o meu amor
>
> [...]
>
> Moraes Moreira, Dodô e Osmar. Pombo-correio.

2 NO SEGUNDO VERSO É FEITO UM PEDIDO: VOAR DEPRESSA. A QUAL PERSONAGEM É FEITO O PEDIDO?

3 QUANTAS LETRAS TEM A PALAVRA **POMBO**? _____

4 E QUANTAS SÍLABAS? _____

5 QUANTAS LETRAS TEM NA PRIMEIRA SÍLABA DA PALAVRA **POMBO**? _____

LER E ESCREVER PARA...

BRINCAR

1 LEIA A LETRA DA CANTIGA COM O PROFESSOR.

– Pombinha branca, o que está fazendo?
– Lavando a louça pro casamento.
A louça é muita e sou vagarosa,
A minha natureza é de preguiçosa.

– Pombinha branca, o que está fazendo?
– Lavando a louça pro casamento.
Passou um homem de terno branco,
Chapéu de lado, meu namorado.

Mandei entrar, mandei sentar,
Cuspiu no chão
Limpa aí seu porcalhão,
Vá cuspir no seu portão!

Cantiga.

2 RELEIA O SEGUNDO VERSO E RESPONDA:
- O que a pombinha está fazendo?

_____

3 AGORA RELEIA O SÉTIMO E O OITAVO VERSOS E RESPONDA:
- Você acha que a pombinha está lavando a louça para usá-la quando?

_____

ATIVIDADES

1 LEIA AS FRASES E OBSERVE AS PALAVRAS DESTACADAS.

> A **pombinha** disse ao homem:
> – **Limpa** aí, seu porcalhão.

pom – bi – nha   lim – pa

- Nas palavras destacadas, a consoante **m** está no começo da sílaba ou no final? _____

2 LEIA AS PALAVRAS E PINTE AS CONSOANTES QUE VÊM DEPOIS DE **M**.

a) emburrado
b) umbigo
c) ambulante
d) impossível
e) empate
f) importante

3 DE ACORDO COM A ATIVIDADE **2**, ESCREVA O QUE FALTA E COMPLETE A FALA DO PAPI.

> ANTES DE **B** E **P** SÓ SE USA A CONSOANTE _____.

4 OBSERVE A LETRA QUE ESTÁ DEPOIS DO ESPAÇO E COMPLETE AS PALAVRAS COM **M** OU **N**.

a) la _____ terna
b) li _____ do
c) sa _____ dália
d) sa _____ ba
e) ca _____ po
f) ca _____ to

5 JUNTE AS SÍLABAS DA MESMA COR PARA FORMAR PALAVRAS.

cam	tam	tem	bor
po	nu	po	lim
sam	dim	po	jar
bam	gam	tem	bu
on	ba	vem	bá

---

6 REESCREVA AS PALAVRAS COM LETRA CURSIVA.

tem   **tempo**   **bumbo**

VALORES E VIVÊNCIAS

Converse com os colegas e o professor sobre como as pessoas educadas devem agir. Depois do bate-papo, façam juntos um cartaz sobre atitudes que mostram educação.

CUSPIR NO CHÃO NÃO DEMONSTRA EDUCAÇÃO!

PRODUÇÃO DE TEXTO

≫ Reescrita de cantiga

1 A POMBINHA VAI FAZER MUITAS COISAS PARA ORGANIZAR SEU CASAMENTO.

a) Observe o exemplo.

> Pombinha branca, o que está fazendo?
> Lavando a louça pro casamento.

b) Escreva três frases dizendo o que a pombinha vai fazer.

Você deve reescrever a resposta substituindo a expressão "lavando a louça", porque a pombinha vai fazer outras coisas.

Pombinha branca o que está fazendo?

1 _____ pro casamento.
2 _____ pro casamento.
3 _____ pro casamento.

REVENDO O QUE VOCÊ APRENDEU

1 LEIA AS FRASES E MARQUE UM **X** NA ALTERNATIVA QUE FOR CORRETA.

a) ☐ Antes de **b** e **p**, usamos **m**.

b) ☐ Antes de **b** e **p**, usamos **n**.

c) ☐ No meio da palavra, podemos usar a letra **m** antes de qualquer consoante.

CAPÍTULO 8

QUA qua

QUATI
quati

DIÁLOGO INICIAL

1 LEIA OS VERSOS COM O PROFESSOR E PRESTE ATENÇÃO NO ANIMAL QUE É DESCRITO:

O quati mora na mata
e gosta de comer bem.
É peludo e tem quatro patas.
Não aprova as queimadas,
e quer ser livre também.

Wenidarc Cintra apud Aprender e Brincar. Disponível em: <www.aprenderebrincar.com/2012/10/educacao-infantil-livro-poema-e-atividades-com-letra-q.html>. Acesso em: jul. 2015.

2 DIGA OUTRAS PALAVRAS QUE COMEÇAM COMO **QUATI**.

LER E ESCREVER PARA...

INFORMAR

1 GERALMENTE, EM ZOOLÓGICOS, PRÓXIMO À ÁREA ONDE FICAM OS ANIMAIS, HÁ PLACAS COM TEXTOS COMO ESTE. LEIA-O COM O PROFESSOR.

> **Nome do animal:** quati.
> **Nome científico:** *Nasua nasua.*
> **Onde vive:** nas matas de quase toda a América do Sul.
> **Quanto pesa:** até 11 quilos.
> **Filhotes:** de 2 a 6 por gestação.

[...] Suas garras, longas e fortes, e seu focinho em forma de trombeta ajudam-no a escavar por toda parte à cata de alimento.

[...]

O quati alimenta-se de minhocas, insetos e frutas. Aprecia também ovos, legumes e especialmente lagartos. [...] Dorme no alto das árvores, enrolado como uma bola, e não desce antes do amanhecer.

Lúcia Helena Salvetti de Cicco. Quati. *Saúde animal*.
Disponível em: <www.saudeanimal.com.br/quati.htm>. Acesso em: jul. 2015.

VOCABULÁRIO

Focinho: nome da parte anterior saliente da cabeça de alguns animais, em que ficam as narinas e a boca.

Garra: unha curva, comprida e pontiaguda de alguns animais.

Trombeta: instrumento musical que tem forma longa e afunilada.

2 EM SUA OPINIÃO, QUAL É A FINALIDADE DESSE TEXTO?
_____

3 LEIA NOVAMENTE O TEXTO COM O PROFESSOR E ESCREVA AS INFORMAÇÕES.

Nome do animal: _____.

O que come: _____
_____.

Onde dorme: _____.

Como dorme:
_____.

ATIVIDADES

1 FORME AS PERGUNTAS ESCREVENDO A PALAVRA **QUANDO** OU **QUANTO**.

a) _____ é o quilo do café?

b) _____ será o feriado?

2 LEIA AS PALAVRAS, SEPARE-AS EM SÍLABAS E CONTE O NÚMERO DE SÍLABAS DE CADA UMA.

quase → qua – que → 2 SÍLABAS

a) quantos → ☐ – ☐ → ☐ sílabas

b) quando → ☐ – ☐ → ☐ sílabas

c) quarenta → ☐ – ☐ – ☐ → ☐ sílabas

d) qualidade → ☐ – ☐ – ☐ – ☐ → ☐ sílabas

PRODUÇÃO DE TEXTO

Continuação de poema

1 LEIA O TRECHO DE UMA HISTÓRIA SOBRE O QUATI.

> O quati não sabia
> O que era zabumba.
> Ficou chateado e
> Com vontade de perguntar.
> Não queria que zombassem dele.
> Mas entendeu que era uma caixa
> Que tocava música.
> – Puxa! Vou ter que achar...

Ana Maria Machado e Claudius. *A zabumba do quati*. 5. ed. São Paulo: Salamandra. p. 7.

2 COMO VOCÊ ACHA QUE ESSA HISTÓRIA VAI CONTINUAR? ESCREVA O FINAL QUE VOCÊ PENSOU PARA ELA EM SEU CADERNO.

REVENDO O QUE VOCÊ APRENDEU

1 FAÇA UM **X** EM **CERTO** OU EM **ERRADO**.

No grupo **qu** seguido de **a**, como na palavra **quati**, o **u** é pronunciado.

a) ☐ Certo.   b) ☐ Errado.

2 CIRCULE AS PALAVRAS EM QUE A LETRA **U** É PRONUNCIADA.

quadro   quilo   quero   qualidade   quando

CAPÍTULO 9

LH lh

COELHO
coelho

DIÁLOGO INICIAL

1 LEIA A TIRA COM O PROFESSOR.

Por que você acha que fui eu quem deu os nós na olelha do seu coelhinho?

Tira da *Turma da Mônica*, de Mauricio de Sousa.

2 QUAIS PERSONAGENS PARTICIPAM DESSA TIRA?

3 POR QUE A MÔNICA ESTÁ BRAVA COM O CEBOLINHA?

4 POR QUE A MÔNICA DESCONFIA QUE FOI O CEBOLINHA, E NÃO O CASCÃO, QUEM DEU OS NÓS NAS ORELHAS DE SEU COELHINHO?

5 QUE LETRA CEBOLINHA COSTUMA TROCAR NAS PALAVRAS?

6 COMO FICARIA A PALAVRA "OLELHA" TROCANDO A PRIMEIRA LETRA **L** PELA LETRA **R**?

LER E ESCREVER PARA...

CANTAR

1 LEIA A CANTIGA COM O PROFESSOR.

De olhos vermelhos,
De pelo branquinho,
De pulo bem alto,
Eu sou o coelhinho.

Sou muito assustado,
Porém sou guloso,
Por uma cenoura
Já fico manhoso.

Eu pulo pra frente,
Eu pulo pra trás,
Dou mil cambalhotas,
Sou forte demais.

Comi uma cenoura
Com casca e tudo,
Tão grande ela era,
Fiquei barrigudo!

Cantiga.

2 RESPONDA ÀS QUESTÕES.

a) De que cor são os olhos do coelho? _____

b) De que cor é o pelo do coelho? _____

c) Como é o pulo do coelho? _____

3 OBSERVE ESTAS PALAVRAS NA CANTIGA E COPIE AQUELA COM QUE CADA UMA RIMA. OBSERVE O EXEMPLO:

> branqu**inho** rima com coelh**inho**

a) Gul**oso** rima com _____.

b) T**udo** rima com _____.

CONVERSANDO TAMBÉM SE APRENDE

1 HÁ MÚSICAS QUE CANTAMOS FAZENDO GESTOS. VOCÊ CONHECE ALGUMA? SE CONHECER, CANTE-A PARA O GRUPO.

ATIVIDADES

1 LEIA AS PALAVRAS, OBSERVE AS FOTOGRAFIAS E FAÇA A CORRESPONDÊNCIA ENTRE ELAS.

alho

coelho

ovelha

sapatilha

folha

abelha

2 COMPLETE CADA FRASE COM A PALAVRA ADEQUADA.

a) Coloquei minha roupa na _____. (malha/mala)

b) Kátia acendeu a _____ do bolo. (velha/vela)

c) A água saiu pela _____. (calha/cala)

d) Yúri _____ a planta. (molha/mola)

e) O _____ cantou na madrugada. (galho/galo)

3 ESCREVA AS SÍLABAS **LHA**, **LHE**, **LHI**, **LHO** OU **LHU** E COMPLETE AS PALAVRAS. DEPOIS ESCREVA AS PALAVRAS FORMADAS NO CADERNO.

> NA SEPARAÇÃO SILÁBICA, O LH FICA NA MESMA SÍLABA.

a) o - ☐

b) mi - ☐

c) co - e - ☐

d) a - ☐

e) fo - ☐

f) fi - ☐

BRINCAR E APRENDER

1 RESOLVA A ADIVINHA CIRCULANDO A RESPOSTA CORRETA.

> **O que é, o que é?**
> Tem dente, mas não é gente?
>
> Adivinha.

a) galho   b) alho   c) olho

LER E ESCREVER PARA...

CONTAR

1 OBSERVE O DESENHO.

Você conhece essa história? Se souber, conte-a ao professor e aos colegas. Depois ouça a versão da história que o professor lerá para a turma.

2 DEPOIS DA LEITURA, RESPONDA ORALMENTE:

a) Quais personagens da história aparecem na ilustração?
b) Para onde Chapeuzinho Vermelho está indo?
c) O que ela carrega?
d) O que há na cesta?
e) Chapeuzinho Vermelho ouviu os conselhos da mãe?

PRODUÇÃO DE TEXTO

> Reescrita de história

1 REESCREVA EM SEU CADERNO A HISTÓRIA *CHAPEUZINHO VERMELHO* DO JEITO COMO ELA FOI CONTADA. NÃO SE ESQUEÇA DE ESCREVER O TÍTULO DA HISTÓRIA. SIGA AS ORIENTAÇÕES DO PROFESSOR.

2 RELEIA SUA HISTÓRIA PARA VERIFICAR SE VOCÊ DEVE ALTERAR ALGUMA PALAVRA OU FRASE.

BRINCAR E APRENDER

1 FAÇA MÁSCARAS DOS PERSONAGENS E ENCENE A HISTÓRIA PARA A TURMA. ANTES DA APRESENTAÇÃO TREINE COM ALGUNS COLEGAS.

> ENCENAR É REPRESENTAR UMA HISTÓRIA.

VEJA ALGUNS EXEMPLOS DE MÁSCARAS.

REVENDO O QUE VOCÊ APRENDEU

1 MARQUE COM UM **X** AS AFIRMATIVAS CORRETAS.

a) ☐ Na separação silábica, o **lh** fica na mesma sílaba.

b) ☐ Nas palavras **mola** e **cola**, por exemplo, se o **l** for trocado por **lh**, será formada outra palavra.

2 RELEIA A TIRA DO INÍCIO DO CAPÍTULO.

a) Onde os personagens estão? Marque a frase correta com **X**.

☐ Cascão, Cebolinha e Mônica estão num parque.

☐ Cascão, Cebolinha e Mônica estão perto de um rio.

b) Observe a expressão dos personagens. Qual deles parece assustado? Qual parece bravo, além da Mônica?

_____

_____

CAPÍTULO 10

S s
Entre vogais

BESOURO
besouro

DIÁLOGO INICIAL

1 LEIA O POEMA COM OS COLEGAS.

Besouro serra-pau
Lindo como jade,
brilhante como ouro,
a floresta esconde
este tesouro.

Não é anel,
colar ou broche,
é um besouro.

Lalau e Laurabeatriz. *Bem brasileirinhos*. São Paulo: Cosac Naify, 2012. p. 8.

2 O POEMA AFIRMA QUE A FLORESTA ESCONDE UM TESOURO, VOCÊ JÁ SABE QUAL É ELE?

3 QUANTAS LETRAS TEM A PALAVRA **BESOURO**?

4 A LETRA **S** DA PALAVRA **BESOURO** REPRESENTA QUE SOM?

5 RELEIA O QUARTO VERSO E IDENTIFIQUE A PALAVRA COM SOM DE ZÊ, COMO EM **BESOURO**.

LER E ESCREVER PARA...

INFORMAR

1 LEIA O TEXTO COM O PROFESSOR.

Besouro gigante

Que besourão! Chega a medir até 16 centímetros. Vive em todo o Brasil, gosta de pólen e néctar de plantas. Tem mandíbulas muito fortes e bonitas, que os índios usam para fazer colares. Os índios também comem as larvas do serra-pau, que encontram em troncos de árvores caídas.

Lalau e Laurabeatriz. *Bem brasileirinhos*. São Paulo: Cosac Naify, 2012. p. 10.

▶ Besouro serra-pau.

2 VÁ AO TEXTO E FAÇA UM **X** NO TÍTULO.

3 DE QUAL ANIMAL O TEXTO TRATA?

_____

4 RELEIA ESTAS EXPRESSÕES RETIRADAS DO TEXTO:

- "Chega a medir até 16 centímetros".
- "Tem mandíbulas muito fortes e bonitas".
- "Os índios também comem as larvas do serra-pau".

a) Elas são formadas por palavras que rimam ou fornecem ao leitor informações sobre o animal de que o texto trata?

_____

b) Considere as expressões e responda: Esse texto é informativo ou é um poema?

_____

5 OBSERVE A EXPRESSÃO DESTACADA:

"Os índios também comem as larvas do **serra-pau** [...]".

Pelo que você leu no texto, o que é **serra-pau**? Marque a explicação correta.

a) ◯ Serra-pau é outra denominação para besouro gigante.
b) ◯ Serra-pau é o alimento dos besouros.

ATIVIDADES

1 LEIA AS PALAVRAS E ESCREVA-AS NA COLUNA ADEQUADA.

casaco   música   vaso   sapo   semente
mesa   sala   sua   usado   sujo
sapato   casamento   risada   sábado

Palavras em que o som do s	
é como em **sapo**	é como em **besouro**

2 LEIA AS PALAVRAS DA ATIVIDADE **1**. MARQUE A FRASE CORRETA:

a) ◯ A letra **s** tem o mesmo som do **s** de **besouro** quando está entre duas vogais.
b) ◯ A letra **s** tem o mesmo som do **s** de **besouro** quando está entre duas consoantes.

3 LEIA AS PALAVRAS DO QUADRO E ESCREVA-AS NOS ESPAÇOS A SEGUIR, CONFORME AS INDICAÇÕES.

| seco | besouro | sala | mesa |
| sapato | sua | casa | vaso |

a) Letra **s** no início de palavra:
- S _____
- S _____
- S _____
- S _____

b) Letra **s** entre vogais:
- _____ S _____
- _____ S _____
- _____ S _____
- _____ S _____

4 PREENCHA OS ESPAÇOS E COMPLETE A FALA DO PAPI SOBRE O SOM DA LETRA **S** NA PALAVRA **BESOURO**.

O SOM DA LETRA S, ENTRE _____, É COMO EM **TESOURO**: SOM DE ZÊ.

5 LEIA AS FRASES E OBSERVE A SEQUÊNCIA DAS PALAVRAS. DEPOIS ESCREVA FRASES DIVERTIDAS INVERTENDO A POSIÇÃO DAS PALAVRAS DESTACADAS.

a) O **besouro** pousou no **coelho**.

_____

b) O **menino** levou o **cachorro** para passear.

_____

LER E ESCREVER PARA...

CONTAR RECITANDO

1 LEIA O POEMA.

Na casa de dona Rata,
tem uma enorme goteira.
Quando chove, ninguém dorme,
acordado, a noite inteira.
A goteira é tão grande
que molha a sala e a cozinha,
quarto, banheiro, despensa
e mais de vinte ratinhas.
Dona Rata contratou
um ratão para o conserto:

– De que adianta eu subir,
se o telhado não tem jeito?
– Não tem jeito, seu Ratão,
explique então esse caso.
– Sua casa, dona Rata,
não tem telha nem telhado.

Sérgio Capparelli. *A casa de dona Rata... Boi da cara preta.* 27. ed. Porto Alegre: LP&M, 1998. p. 48. [texto gentilmente cedido pelo autor].

2 RESPONDA ÀS QUESTÕES E COMPLETE A FRASE.

a) O que tem na casa da dona Rata? _____

b) Qual personagem a dona Rata chamou para resolver o problema? _____

c) De acordo com o poema, o problema não foi resolvido porque a casa _____

PRODUÇÃO DE TEXTO

≫ Lista

Nesta atividade de produção de texto, você vai continuar contando o que acontece com dona Rata. Leia o trecho a seguir:

> Dona Rata já não aguentava tanta água de chuva em sua casa. Coitada! Para ajudá-la, seu Ratão a aconselhou a fazer o telhado. Para isso, ela precisaria providenciar o material. Xi! Ela, tão preocupada, esqueceu o que seu Ratão pediu que fosse comprado!

1 EM SEU CADERNO, FAÇA A LISTA DO MATERIAL NECESSÁRIO E DÊ UM TÍTULO A ELA.

> **Importante:** planeje sua lista, escreva-a e a releia para verificar se algum trecho ou palavra deve ser alterado.

2 DEPOIS DE PRONTA, LEIA SUA LISTA PARA OS COLEGAS E APRESENTE-LHES SUA INDICAÇÃO. OUÇA A LEITURA DA LISTA DELES.

3 EM SEGUIDA, RESPONDA ORALMENTE:

a) Algum colega elaborou uma lista parecida com a sua? O que é parecido?

b) Você mudaria sua lista? Por quê?

4 LEIA AS PALAVRAS E PINTE AS ESCRITAS COM **S** E SOM DE **ZÊ**, COMO EM **BESOURO**.

camisa	aviso	querosene	suco	raposa
sapato	represa	salada	siri	selo

CAPÍTULO 11

SS ss

PASSARINHO
passarinho

DIÁLOGO INICIAL

1 OBSERVE ESTA OBRA DE ARTE.

ALDEMIR MARTINS. PÁSSARO, 2000. ACRÍLICA SOBRE TELA, 50 × 50 CM.

2 EM SUA OPINIÃO, QUAIS PALAVRAS RELACIONAM-SE A ESSA OBRA: SAPO E SAPINHO, BESOURO E BESOURÃO OU PÁSSARO E PASSARINHO?

3 ONDE VOCÊ MORA HÁ PASSARINHOS? ONDE É POSSÍVEL VÊ-LOS? E EM SUA ESCOLA, HÁ PASSARINHOS?

LER E ESCREVER PARA...
RECITAR

1 LEIA O POEMA COM O PROFESSOR.

Passarinho fofoqueiro

[...]
Um passarinho me contou
que a ostra é muito fechada,
que a cobra é muito enrolada,
que a arara é uma cabeça oca,
e que o leão-marinho e a foca...
Xô, passarinho, chega de fofoca!

José Paulo Paes. *Um passarinho me contou.* São Paulo: Ática, 1996. p. 7.

2 VOCÊ LEU SEIS VERSOS DO POEMA "PASSARINHO FOFOQUEIRO".

EM QUAIS VERSOS FALA-SE DA OSTRA E DA COBRA? MARQUE UM **X** NA RESPOSTA CORRETA.

a) ◯ Segundo e terceiro.

b) ◯ Segundo, terceiro e quarto.

c) ◯ Quarto e quinto.

3 COPIE A EXPRESSÃO QUE INDICA COMO É A ARARA.

_____

4 DE QUAIS ANIMAIS O PASSARINHO NÃO CONSEGUE FAZER FOFOCA? COPIE O NOME DELES.

_____

5 RELEIA O ÚLTIMO VERSO:

> Xô, passarinho, chega de fofoca!

a) Que ordem foi dada ao passarinho? Marque um **X** na frase correta.

☐ Para ele continuar falando.

☐ Para ele falar do leão-marinho e da foca.

☐ Para ele parar de fofocar.

b) Ligue as palavras a seus significados

xô	Basta.
chega	Comentário sobre a vida do outro.
fofoca	Palavra usada para espantar aves.

ATIVIDADES

1 LEIA AS PALAVRAS DO QUADRO E ESCREVA-AS NO ESPAÇO ADEQUADO.

> osso   sela   coisa   pássaro   tosse
> salada   vaso   sapato   camisa

Iniciadas com **s**	Com **s** entre vogais	Com **ss**

2 LEIA AS PALAVRAS DO QUADRO E OBSERVE O SOM REPRESENTADO PELA LETRA **S** EM CADA UMA.

> sapo   mesada   passarinho

a) Nas três palavras, o **s** e o **ss** representam o mesmo som? Marque um **X** nas frases corretas.

☐ Na palavra **sapo** e na palavra **passarinho**, o som é de **sê**.

☐ Na palavra **mesada**, o som é de **zê**.

☐ Na três palavras, o **s** e o **ss** representam o mesmo som.

3 LEIA AS PALAVRAS E SEPARE-AS EM SÍLABAS.

> Atenção! Observe, no exemplo, a separação do **ss**.

passarinho ➜ pas – sa – ri – nho

a) passeio ➜ ☐ – ☐ – ☐

b) massa ➜ ☐ – ☐

c) assunto ➜ ☐ – ☐ – ☐

4 OBSERVE AS PALAVRAS SEPARADAS EM SÍLABAS NA ATIVIDADE 3 E COMPLETE O ESPAÇO CONFORME O QUE O PAPI DIZ SOBRE O **SS** NA SEPARAÇÃO DE SÍLABAS.

> QUANDO PALAVRAS COM SS SÃO SEPARADAS EM SÍLABAS, CADA ___ FICA EM UMA SÍLABA.

PRODUÇÃO DE TEXTO

≫ Completar texto ficcional

O passarinho do poema é teimoso, quer continuar fofocando...

Elabore fofocas que o passarinho talvez tenha feito a respeito de alguns animais.

1 COMPLETE OS ESPAÇOS COM AS PALAVRAS DO QUADRO E FORME A FOFOCA QUE O PASSARINHO FAZ SOBRE CADA UM:

> cascuda   voador   olhudo

O passarinho me contou que o jacaré é muito _____, o mosquito é muito _____ e a barata, coitada, é muito _____.

2 LEIA AS FOFOCAS FORMADAS. EM SUA OPINIÃO, O QUE É DITO SOBRE O JACARÉ, O MOSQUITO E A BARATA É REALMENTE FOFOCA? CONVERSE COM OS COLEGAS E O PROFESSOR.

ATIVIDADES

1 LEIA A TIRINHA E RESPONDA ÀS QUESTÕES ORALMENTE.

Tira *Turma da Mônica*, Mauricio de Sousa.

a) Durante quanto tempo a Magali ficou comendo?

b) O que você observou para dar essa resposta?

c) "Chomp" repete-se várias vezes. Na tirinha, o que significa essa palavra?

☐ O barulho do tempo passando.

☐ O barulho da Magali comendo.

☐ O barulho de alguém batendo à porta.

d) A Magali é comilona? Explique oralmente sua resposta.

2 LEIA O POEMA E FAÇA O QUE SE PEDE.

O relógio

Passa, tempo, tic-tac
tic-tac, passa, hora
chega logo, tic-tac
tic-tac, e vai-te embora
passa, tempo
bem depressa
não atrasa
não demora
que já estou
muito cansado
já perdi
toda a alegria
de fazer
meu tic-tac
dia e noite
noite e dia
tic-tac
tic-tac
tic-tac...

Vinicius de Moraes. *A arca de Noé: poemas infantis.*
São Paulo: Companhia das Letras, 1991. p. 29.

a) Qual barulho o relógio faz? _____

b) No quinto verso é dada uma ordem ao tempo. Qual é a ordem? Marque com um **X** a resposta correta.

☐ O tempo deve parar.   ☐ O tempo deve passar.

c) Como o tempo deve passar? Copie a expressão que indica isso no sexto verso. _____

REVENDO O QUE VOCÊ APRENDEU

1 OBSERVE O ESQUEMA E COMPLETE AS FRASES COM O QUE SE PEDE.

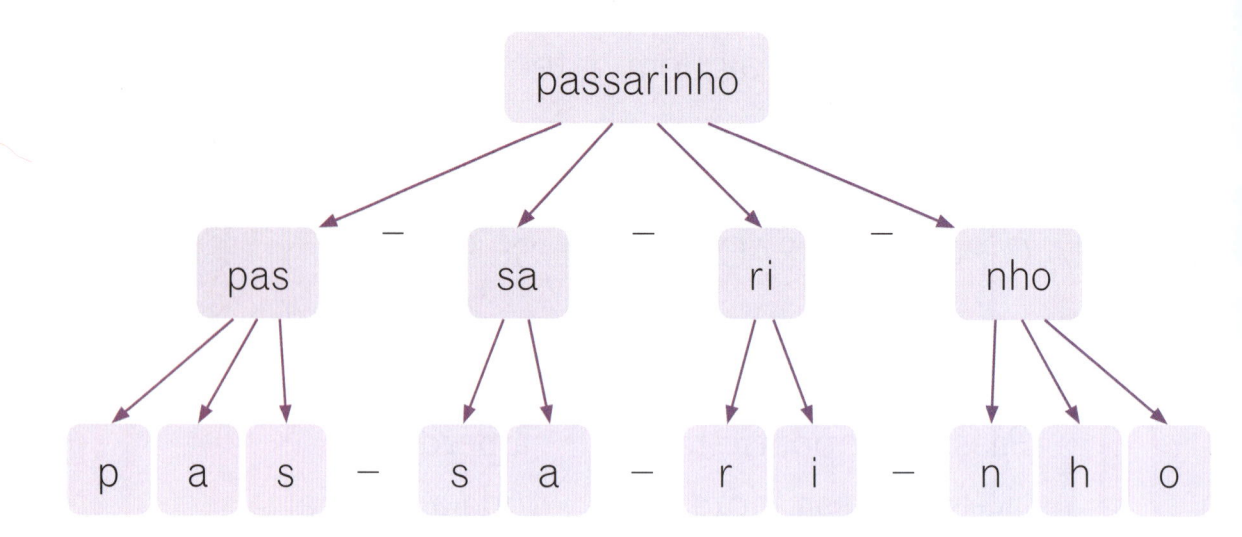

```
                passarinho
         ┌────────┬────────┬────────┐
        pas      sa       ri       nho
       ┌─┼─┐    ┌─┐      ┌─┐     ┌─┼─┐
       p a s  - s a   -  r i  -  n h o
```

a) Quantidade de vogais: _____.

b) Quantidade de consoantes: _____.

c) Quantidade de sílabas: _____.

d) Consoantes que permanecem juntas na mesma sílaba: _____.

e) Parte da palavra que indica "tamanho menor": _____.

2 A EXPRESSÃO **VER PASSARINHO VERDE** É EMPREGADA QUANDO ALGUÉM ESTÁ ALEGRE, SATISFEITO. ESSA EXPRESSÃO É UMA FOFOCA? MARQUE UM **X** NA AFIRMAÇÃO CORRETA.

a) ☐ Essa expressão é uma fofoca, porque está sendo dito algo que não é verdadeiro a respeito de alguém.

b) ☐ Essa expressão não é uma fofoca; é uma maneira de dizer que alguém está feliz.

CAPÍTULO 12

OL ol

CARACOL
caracol

DIÁLOGO INICIAL

1. QUE ANIMAL É ESSE?
2. COM QUAIS PALAVRAS A PALAVRA **CARACOL** RIMA?
3. OBSERVE: CA – RA – COL . QUANTAS SÍLABAS TEM ESSA PALAVRA?
4. QUANTAS LETRAS A ÚLTIMA SÍLABA DA PALAVRA **CARACOL** TEM?

LER E ESCREVER PARA...

RECITAR

1 LEIA OS VERSOS.

O caracol

O caracol é muito **lento**
anda muito devagar.
Eu não tenho tanto tempo
pra esperar ele passar.
[...]

Marciano Vasques Pereira. *Assembleia das palavras.* São Paulo: Ave-Maria, 1997. p. 7.
Todos os direitos reservados.

Vocabulário

Lento: é o mesmo que vagaroso.

2 RESPONDA:
   a) Como é o caracol? _____
   b) Como ele anda? _____

3 RELEIA O TERCEIRO E O QUARTO VERSOS E COPIE AS PALAVRAS QUE INDICAM:
   a) quem não tem tempo _____.
   b) quem vai passar _____.
   c) quem é ele _____.

4 QUAL PALAVRA DO SEGUNDO VERSO RIMA COM "PASSAR"? _____

ATIVIDADES

1 ORGANIZE AS PALAVRAS NA FRASE DE ACORDO COM AS CORES.

1	2	3	4	5	6
NO	DEIXEI	BALDE	QUINTAL	O	AZUL

_____

2 NOS ESPAÇOS, ESCREVA **AL**, **EL**, **IL**, **OL** OU **UL** E FORME PALAVRAS.

a) s ____   c) s ____   e) b ____ de

b) an ____   d) s ____   f) fun ____

3 LEIA AS PALAVRAS E SEPARE-AS EM SÍLABAS.

a) caracol ⬜ – ⬜ – ⬜

b) pulga ⬜ – ⬜

c) anel ⬜ – ⬜

d) polvo ⬜ – ⬜

4 ORGANIZE AS SÍLABAS E FORME AS PALAVRAS. DEPOIS, ESCREVA-AS COM LETRA CURSIVA.

a) nel | a _____

b) do | sol | da _____

c) tal | ven | a _____

d) mo | al | fa | da _____

LER E ESCREVER PARA...

CONTAR

1 LEIA O TEXTO A SEGUIR E VEJA QUE FALTAM ALGUMAS PALAVRAS PARA DAR SENTIDO A ELE. OBSERVE ESSAS PARTES COM UM COLEGA, E JUNTOS, DISCUTAM E ESCREVAM O QUE FALTA.

O segredo do rei

Era uma vez um _____ que não tinha orelha. Mas ninguém sabia.

Ele usava sempre uma _____ bem comprida de cachos negros.

Só uma pessoa conhecia o _____ do rei: o velho barbeiro do palácio, que uma vez por mês lhe cortava o _____.

Para isso, o barbeiro e o rei se trancavam na torre mais alta do _____.

Um dia, o velho _____ ficou doente. Duas semanas depois morreu, e o rei ficou sem ter quem lhe cortasse o _____.

Carmem Berenguer. *O segredo do rei*. São Paulo: Ática, 1983.

PRODUÇÃO DE TEXTO

≫ Continuação de história

1 ESCREVA COMO ACHA QUE A HISTÓRIA VAI CONTINUAR. CONTE O QUE ACONTECEU E A SOLUÇÃO QUE O REI DEU AO PROBLEMA. NÃO SE ESQUEÇA DE PLANEJAR SEU TEXTO ANTES DE ESCREVÊ-LO E DE REVISÁ-LO. LEIA-O PARA OS COLEGAS.

_____

_____

_____

BRINCAR E APRENDER

1 ENCONTRE TRÊS CARACÓIS NESTA CENA E CIRCULE-OS.

REVENDO O QUE VOCÊ APRENDEU

1 OBSERVE AS ILUSTRAÇÕES E PINTE AS SÍLABAS QUE FORMAM O NOME DE CADA IMAGEM. DEPOIS ESCREVA AS PALAVRAS COM LETRA CURSIVA.

	ba		il
ma		ce	
	fa		
po			al

	tel		
ho		pas	
		to	Ta
pa		vo	al

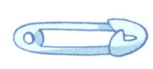

	re	te	
	fi		
mo			al
	ne		ol

	co		me
vi		los	
	céu		pa
col		Sol	

	ni		
lil		ril	
			cil
ba		bar	

	il		no
pas			
			tel
tal			

260

CAPÍTULO 13

ÇA ÇO ÇU
ça ço çu

GARÇA
garça

DIÁLOGO INICIAL

1 LEIA O TEXTO.

> Essa é a garça-branca-grande. Ela vive na região do Pantanal, no Centro-Oeste do Brasil. Alimenta-se de peixes, lagartos, anfíbios e insetos.

▶ Garça-branca-grande caçando peixes.

2 QUAL TÍTULO VOCÊ DARIA AO TEXTO?

3 OBSERVE:

garça ➡ gar – ça

a) A palavra é formada por quantas sílabas?
b) As sílabas terminam com vogal ou consoante?

LER E ESCREVER PARA...

CONTAR HISTÓRIAS

1 LEIA O TRECHO A SEGUIR COM O PROFESSOR.

Numa montanha distante, mora uma garça branca que, encantada há quinhentos anos por uma bruxa feiticeira, entoa cantos de saudade. Por causa da sua beleza, é perseguida pelos caçadores da região.

Rosinha. *A história da garça encantada*. Porto Alegre: Projeto Editora, 2010.

2 QUEM MORA NUMA MONTANHA DISTANTE?
___

3 QUEM ENCANTOU A GARÇA BRANCA?
___

4 POR QUE A GARÇA É PERSEGUIDA PELOS CAÇADORES DA REGIÃO?
___

ATIVIDADES

1 LEIA AS PALAVRAS E CIRCULE AS QUE RIMAM COM **GARÇA**.
 a) graça   b) praça   c) passeio   d) passa

2 LEIA AS PALAVRAS E ESCOLHA A QUE FORMA CADA FRASE.
 a) O leão _____ sua presa. (caca/caça)
 b) Na _____ há açúcar. (taca/taça)
 c) No armário há muita _____. (louca/louça)
 d) O gato _____ a orelha. (coca/coça)

3 LEIA AS PALAVRAS DO QUADRO E ESCREVA-AS NA COLUNA ADEQUADA.

laço	taça	poço
açude	balança	paçoca

> O SINAL QUE APARECE EMBAIXO DA LETRA **C** É A **CEDILHA**.

ça	ço	çu

BAÚ DE INFORMAÇÕES

A palavra **paçoca** é comum em várias regiões do Brasil, mas nem sempre esse nome se refere ao mesmo alimento.

No Sudeste, paçoca é o doce feito com amendoim. No Nordeste, paçoca é a farofa salgada, feita com carne-seca desfiada. E em sua região, o que é paçoca?

BRINCAR E APRENDER

1 RESOLVA A ADIVINHA.

O que é, o que é?
O que pesa mais no mundo?

Adivinha.

a) ◯ Algodão.   b) ◯ Meia.   c) ◯ Balança.

2 LEIA AS PALAVRAS DO QUADRO, ESCREVA-AS NA COLUNA ADEQUADA E DEPOIS FAÇA O QUE SE PEDE.

| açucareiro | alface | moça |
| bacia | macio | louça |

Palavras com **ç**	Palavras com **c**

a) Pinte as vogais que aparecem depois do **ç** e escreva-as aqui: _____.

b) Observe a coluna **Palavras com c** e escreva as vogais que aparecem depois do **c** sem cedilha: _____.

c) Escreva o que falta para completar a fala do Papi:

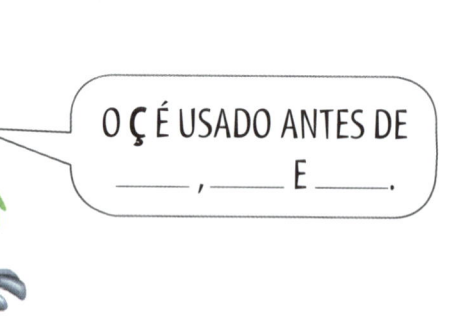

> O **Ç** É USADO ANTES DE ____ , ____ E ____ .

REVENDO O QUE VOCÊ APRENDEU

1 LEIA AS PALAVRAS DO QUADRO E ESCREVA-AS NO CADERNO USANDO A CEDILHA QUANDO NECESSÁRIO.

circo   cimento   poco   laco   cebola   palhaco   lenco

2 EM SEU CADERNO FORME FRASES COM AS PALAVRAS **POÇO** E **LOUÇA**.

CAPÍTULO 14

GUE GUI
gue gui

CARANGUEJO
caranguejo

DIÁLOGO INICIAL

1 LEIA A LETRA DA CANTIGA.

Caranguejo

Caranguejo não é peixe,
caranguejo peixe é.
Caranguejo só é peixe
na enchente da maré.

Cantiga popular.

2 QUAIS ANIMAIS SÃO MENCIONADOS NA LETRA?

3 CONTE E DIGA QUANTAS LETRAS TEM A PALAVRA **CARANGUEJO**.

4 OBSERVE: CA – RAN – GUE – JO.
QUANTAS SÍLABAS TEM ESSA PALAVRA?

5 A SEGUNDA SÍLABA É FORMADA POR QUANTAS LETRAS? E A TERCEIRA?

CONVERSANDO TAMBÉM SE APRENDE

1 NAS REGIÕES DO BRASIL, O CARANGUEJO É CHAMADO POR DIFERENTES NOMES. POR QUAL NOME ELE É CHAMADO EM SUA REGIÃO?

LER E ESCREVER PARA...

BRINCAR

1 LEIA A ADIVINHA E CIRCULE A RESPOSTA CORRETA.

O que é, o que é?

Com dez patas vai de lado,
constelação tem seu nome,
não tem pescoço e é caçado
porque é gostoso e se come.

Adivinha.

Vocabulário

Constelação: é um conjunto de estrelas.

▶ Formiga. ▶ Centopeia. ▶ Caranguejo.

a) Segundo o texto, quantas patas o caranguejo tem?
_____

b) O que o caranguejo não tem?
_____

ATIVIDADES

1 LEIA AS PALAVRAS, SUBLINHE O **GUE** E O **GUI** E CIRCULE O NOME DE UMA DOENÇA MUITO PERIGOSA.

> guerra   guizo   guerreiro   águia   foguete   formigueiro
> sangue   dengue   açougue   guitarra   mangue
> mangueira   figueira   fogueira   caranguejo

2 LEIA AS PALAVRAS, SEPARE-AS EM SÍLABAS E INDIQUE A QUANTIDADE DE SÍLABAS DE CADA UMA.

Palavras com gue	Separação em sílabas	Quantidade de sílabas
guerra	◯ – ◯	
foguete	◯ – ◯ – ◯	
mangueira	◯ – ◯ – ◯	
dengue	◯ – ◯	

3 OBSERVE AS ILUSTRAÇÕES E PINTE AQUELAS QUE SÃO INDICADAS POR PALAVRAS COM **GUE** OU **GUI**.

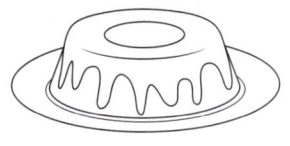

4 LEIA AS PALAVRAS, SEPARE-AS EM SÍLABAS E INDIQUE AS LETRAS DAS SÍLABAS DESTACADAS.

Observe o exemplo:

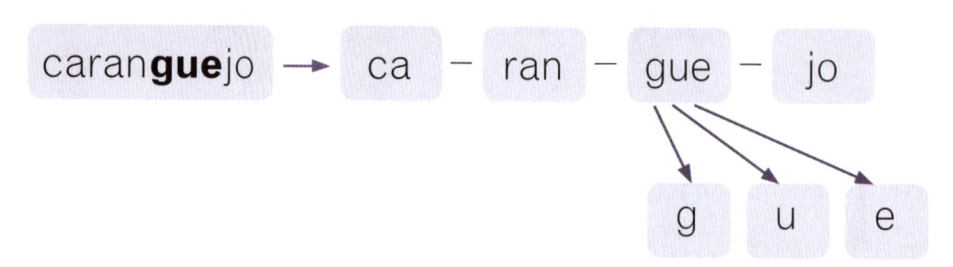

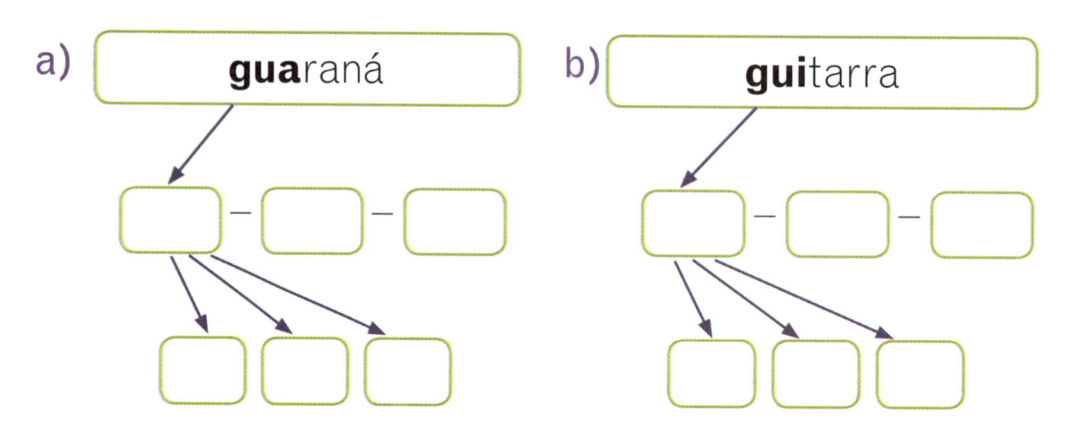

caran**gue**jo → ca – ran – gue – jo → g u e

a) **gua**raná

b) **gui**tarra

5 OBSERVE A ATIVIDADE ANTERIOR E RESPONDA ÀS QUESTÕES.

a) Quais letras são iguais nas sílabas destacadas? _____

b) Quais letras são diferentes? _____

c) Em qual das sílabas marcadas a letra **u** é pronunciada? _____

6 SEU PROFESSOR VAI LER AS PALAVRAS. MARQUE AQUELAS EM QUE A LETRA **U** É PRONUNCIADA.

a) ☐ guarda
b) ☐ água
c) ☐ caranguejo
d) ☐ Guilherme
e) ☐ régua
f) ☐ guardanapo

LER E ESCREVER PARA...

SE DIVERTIR

SERÁ QUE É SÓ PARA ISSO?

1 LEIA O TEXTO PARA DESCOBRIR.

TURMA DA MÔNICA

VAMOS COMBATER A DENGUE!

O MOSQUITO DA DENGUE NASCE E SE DESENVOLVE EM ÁGUA PARADA!

POR ISSO TEMOS QUE MANTER A CAIXA-D'ÁGUA FECHADA!

TOMAR CUIDADO COM VASOS...

...GARRAFAS, LATAS...

BORRACHARIA

...PNEUS VELHOS!

TUDO QUE ACUMULE ÁGUA!

SE VOCÊ TIVER FEBRE ALTA, DORES MUSCULARES, DE CABEÇA, NOS JOELHOS, COTOVELOS E MAL-ESTAR GERAL...

...PROCURE SERVIÇOS MÉDICOS!

FALEI QUE ÁGUA É UM PERIGO!

ÁGUA PARADA, CASCÃO!

ÁGUA PARADA!

MAURICIO

FIM

Mauricio de Sousa Editora Ltda

2 MARQUE UM **X** NAS RESPOSTAS CORRETAS. ESSE TEXTO SERVE PARA O LEITOR:

a) ☐ brincar;

b) ☐ divertir-se;

c) ☐ informar-se;

d) ☐ saber como evitar a dengue.

Responda oralmente às questões.

3 QUAL É O ASSUNTO PRINCIPAL DO TEXTO?

4 QUEM SÃO OS PERSONAGENS DA TIRINHA?

5 O QUE A MENINA FAZ NA HISTÓRIA?

6 QUAIS CUIDADOS SÃO NECESSÁRIOS PARA AFASTAR O MOSQUITO DA DENGUE?

7 POR QUE O MOSQUITO DA DENGUE É PERIGOSO?

8 EM SUA CASA, O QUE VOCÊ COSTUMA FAZER PARA EVITAR QUE O MOSQUITO DA DENGUE APAREÇA?

PRODUÇÃO DE TEXTO

›Orientações

1 FORME DUPLA COM UM COLEGA. JUNTOS, OBSERVEM O FOLHETO E DEPOIS ESCREVAM NO CADERNO AS ORIENTAÇÕES PARA A PREVENÇÃO DA DENGUE.

Antes da produção

Pensem na tirinha que vocês leram e troquem ideias sobre as informações a respeito da dengue.

Durante a produção

Observem as ilustrações e, de acordo com elas, escrevam frases sobre como evitar a dengue.

Depois da produção

Depois de escrever a informação, revisem a escrita para ver se são necessárias alterações. Verifiquem:

- se as informações estão claras e organizadas de forma lógica;
- se as palavras estão escritas corretamente;
- se há palavras repetidas na mesma frase;
- se colocaram letra maiúscula no início das frases e ponto no final.

REVENDO O QUE VOCÊ APRENDEU

1 FORME O NOME DAS ÁRVORES JUNTANDO AS SÍLABAS DA MESMA COR. DEPOIS COMPLETE AS FRASES.

man — pes — fi — ra — ra

ro — guei — guei — guei — se

a) A árvore que dá manga chama-se _____.

b) A árvore que dá pêssego chama-se _____.

c) A árvore que dá figo chama-se _____.

CAPÍTULO 15

CH ch

CHIMPANZÉ
chimpanzé

DIÁLOGO INICIAL

1 LEIA O TEXTO PARA RESPONDER ÀS QUESTÕES.

Cheia de charme
Chica é um chimpanzé
gosta de ficar chique
vestindo saia de mulher!

A autora.

2 QUAL ANIMAL APARECE NA IMAGEM?

3 OBSERVE: **CHIMPANZÉ** ➡ CHIM – PAN – ZÉ .
COM QUAIS CONSOANTES COMEÇA A PALAVRA **CHIMPANZÉ**?

4 QUANTAS LETRAS SÃO EMPREGADAS PARA ESCREVER ESSA PALAVRA?

CONVERSANDO TAMBÉM SE APRENDE

1 VOCÊ JÁ VIU UM CHIMPANZÉ, SEM SER EM FOTOGRAFIA OU DESENHO? SE JÁ VIU, CONTE AOS COLEGAS E AO PROFESSOR. DIGA ONDE O VIU, O QUE ACHOU DELE E O QUE MAIS SOUBER DESSE ANIMAL.

LER E ESCREVER PARA...

INFORMAR

TEXTO 1

Você sabia?

[...] Os chimpanzés, especificamente, fazem suas "camas", como ninhos, reunindo folhas e galhos, todas as noites. [...]

Marcella Huche. Macaquice, que nada. *Ciência hoje das crianças*. Disponível em: <http://chc.cienciahoje.uol.com.br/macaquice-que-nada/>. Acesso em: jul. 2015.

TEXTO 2

1º de julho de 2013 • 10h42

Zoo dos EUA exibe amizade incomum entre chimpanzé e lince

Um parque da Califórnia, nos Estados Unidos, divulgou fotos de uma inusitada amizade entre um chimpanzé e um filhote de lince. Segundo o jornal *The Sun*, Varli, o primata de 1 ano e meio, se aproximou do colega de cativeiro quando o felino tinha apenas um mês

▶ Chimpanzé e lince viraram melhores amigos e não se desgrudam nem para dormir, em um parque da Califórnia, nos Estados Unidos.

de vida. Mais de cinco semanas depois, Varli e Sutra, como é chamado o lince, brincam o dia inteiro juntos e chegam a dormir no mesmo recinto. O diretor do parque, Bhagavan Antel, disse que a amizade começou de forma natural e que os dois se divertem juntos.

Terra. Disponível em: <http://noticias.terra.com.br/ciencia/animais/zoo-dos-eua-exibe-amizade-incomum-entre-chimpanze-e-lince,1334a4bc96a9f310vgnvcm3000009acceb0arcrd.html>. Acesso em: jul. 2015.

RESPONDA ORALMENTE ÀS QUESTÕES A SEGUIR.

1 CONSIDERE O QUE VOCÊ LEU NOS DOIS TEXTOS.
a) Os dois textos informam algo ao leitor?
b) Qual dos textos é uma notícia? Como você sabe?
c) E o outro texto, para que serve?

2 PARA QUE SERVE A FOTOGRAFIA QUE ACOMPANHA A NOTÍCIA?

3 QUAIS FATOS SÃO MENCIONADOS NA NOTÍCIA? MARQUE AS RESPOSTAS CORRETAS COM **X**.
a) ☐ Os linces e os chimpanzés são inimigos naturais.
b) ☐ Um chimpanzé e um lince fizeram amizade.
c) ☐ O fato aconteceu em um zoológico da Califórnia, nos Estados Unidos.
d) ☐ Os dois amigos brigam o dia inteiro.
e) ☐ Os dois amigos se divertem muito.

4 EM SUA OPINIÃO, POR QUE O CHIMPANZÉ E O LINCE FICARAM AMIGOS?

5 POR QUE A AMIZADE DELES É CONSIDERADA INCOMUM?

6 CIRCULE NA NOTÍCIA O TÍTULO E PINTE, DE AMARELO, A LEGENDA.

ATIVIDADES

1 ESCREVA A PALAVRA QUE DESIGNA CADA DESENHO E PINTE OS DESENHOS CUJO NOME COMECE COM **CH**.

2 LEIA AS PALAVRAS E CIRCULE AS SÍLABAS COM **CH**.

chuveiro   chuva   chulé   machucado
chá   machado   marcha

3 JUNTE AS PARTES A SEGUIR PARA FORMAR PALAVRAS.

a) chi → cote _____
    → ta _____

b) chu → visco _____
    → varada _____
    → teira _____

4 COMPLETE O DIAGRAMA COM PALAVRAS INICIADAS COM **CH** E ESCREVA NOS QUADRADINHOS AS SÍLABAS QUE FORMAM CADA UMA.

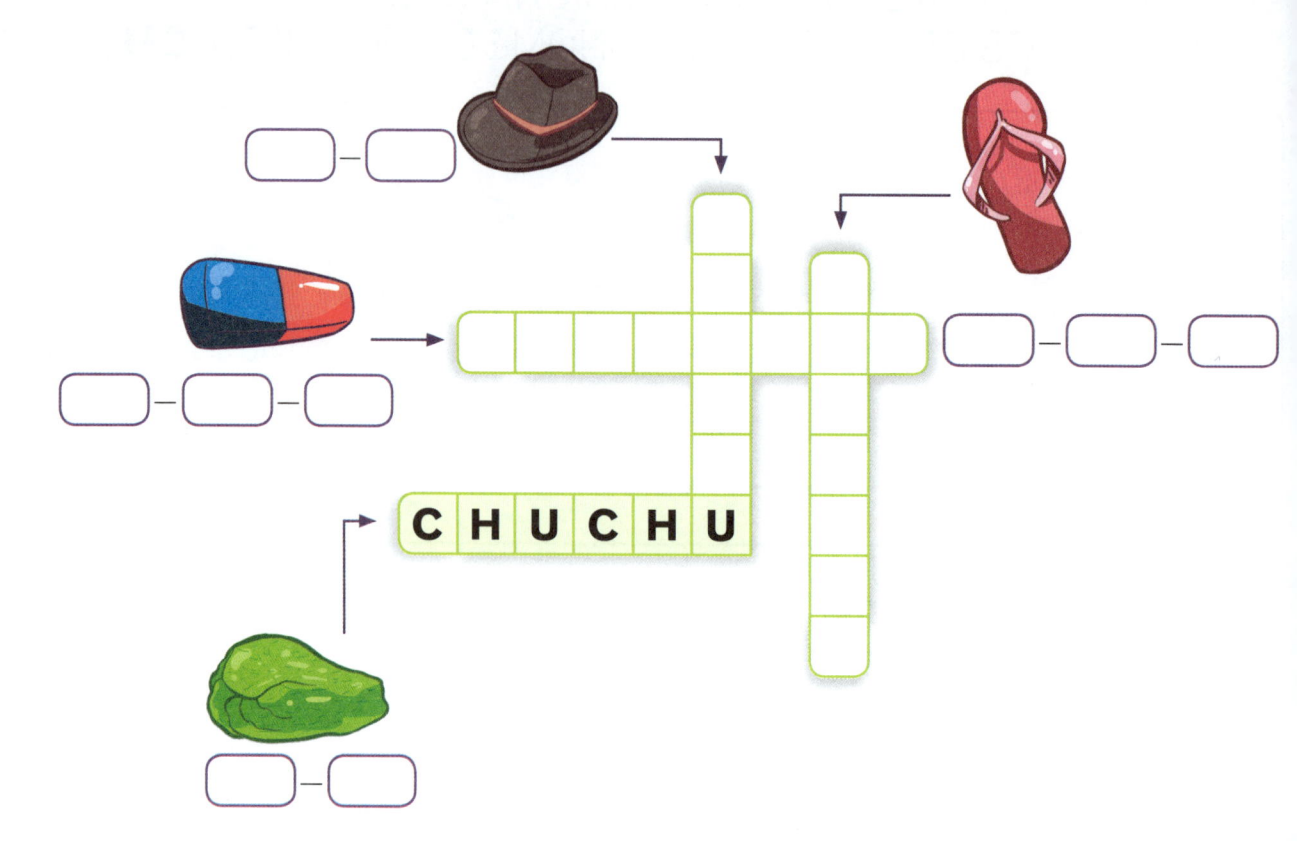

C H U C H U

REVENDO O QUE VOCÊ APRENDEU

1 LEIA AS PALAVRAS E SEPARE-AS EM SÍLABAS.

a) chuva ➡ ch – ☐

b) cheiro ➡ ch – ☐

c) choro ➡ ch – ☐

d) cochilo ➡ c – ch – ☐

CAPÍTULO 16

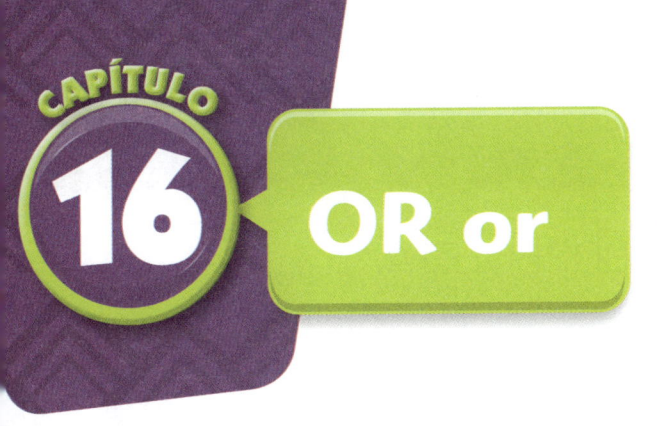

OR or

BORBOLETA
borboleta

DIÁLOGO INICIAL

1 LEIA A LETRA DA CANTIGA.

Borboletinha

Borboletinha tá na cozinha
fazendo chocolate para a
madrinha.
Poti, poti,
perna de pau,
olho de vidro,
e nariz de pica-pau
(pau, pau).

Cantiga popular.

2 QUAL PERSONAGEM ESTÁ NA COZINHA?

3 NA PALAVRA **BORBOLETINHA**, QUAIS LETRAS INDICAM "TAMANHO DIMINUÍDO"?

4 QUAL PALAVRA SERÁ FORMADA SE AS LETRAS **INHA** FOREM SUBSTITUÍDAS POR **A**?

ATIVIDADES

1 CIRCULE O QUE RIMA COM BORBOLETA.

2 LEIA A PALAVRA E INDIQUE O QUE É SOLICITADO.

BORBOLETA

a) SEPARAÇÃO EM SÍLABAS ➡ ☐-☐-☐-☐

b) QUANTIDADE DE SÍLABAS ➡ ☐

c) SÍLABA TERMINADA EM CONSOANTE ➡ ☐

LER E ESCREVER PARA...

RECITAR

1 LEIA O POEMA.

As borboletas
Brancas
Azuis
Amarelas
E pretas
Brincam

Na luz
As belas
Borboletas.

Borboletas brancas
São alegres e francas.

Borboletas azuis
Gostam muito de luz.

As amarelinhas
São tão bonitinhas!

E as pretas, então...
Oh, que escuridão!

VOCABULÁRIO

Francas: verdadeiras, que dizem a verdade.

Vinicius de Moraes. *A arca de Noé: poemas infantis.* São Paulo: Companhia das letras, 1991. p. 50.

2 MARQUE COM **X** AS ALTERNATIVAS CORRETAS.
- a) A leitura do poema proporciona a sensação de:
  - ☐ alegria.
  - ☐ tristeza.
  - ☐ leveza.
  - ☐ delicadeza.
- b) Em sua opinião, o que causa essas sensações ao leitor? Explique oralmente.
  - ☐ O assunto do poema.
  - ☐ As rimas.
  - ☐ As palavras usadas.
  - ☐ A cor das borboletas.

3 QUANTOS VERSOS TEM O POEMA? _____

4 EM SUA OPINIÃO, QUAL É A RAZÃO DE O AUTOR DO POEMA PREFERIR ESCREVER "AS AMARELINHAS SÃO TÃO BONITINHAS!" A ESCREVER "AS AMARELAS SÃO TÃO BONITAS"?

_____

5 RESPONDA DE ACORDO COM O POEMA.

a) Como são as 🦋🦋? _____

b) De que gostam as 🦋🦋? _____

c) Como são as 🦋🦋? _____

6 PINTE COM A MESMA COR AS PALAVRAS QUE RIMAM E DEPOIS ESCREVA-AS ABAIXO.

_____

_____

ATIVIDADES

1 LEIA AS PALAVRAS, RETIRE A CONSOANTE **R** E FORME OUTRA PALAVRA. ESCREVA E LEIA AS PALAVRAS FORMADAS.

a) corpo   b) carta   c) morto

_____   _____   _____

2 LEIA O TEXTO QUE DESCREVE O QUE HÁ EM UM LIVRO.

A oficina das borboletas

Há muito tempo, quando vários animais e plantas ainda não existiam, os criadores de todas as coisas trabalhavam dia e noite. Eles seguiam uma lei muito rígida: os inventores dos cães só podiam criar cães, os dos **arbustos** só podiam **fazer** arbustos e assim **por** diante. Rodolfo, responsável por fazer alguns insetos sem graça, como moscas, grilos e **formigas**, não se **conformava** com essa regra. Seu **maior** sonho era dar vida a uma outra criatura, que fosse ao mesmo tempo leve como um pássaro e bela como uma flor. Até que, um dia qualquer, ele sentou à beira do lago e viu um beija-flor em pleno voo. Então teve uma ideia...

Gioconda Belli. *A oficina das borboletas*. São Paulo: Companhia das Letrinhas, 2013. Disponível em: <www.companhiadasletras.com.br/detalhe.php?codigo=40666>. Acesso em: jul. 2015.

a) Quem é Rodolfo? Marque a frase correta.

☐ O responsável por fazer alguns insetos sem graça e que um dia qualquer teve uma ideia.

☐ O responsável pelo cuidado dos lagos e arbustos.

b) Por que a palavra **Rodolfo** é escrita com letra maiúscula?

_____

_____

c) Na palavra **Rodolfo**, a letra **r** está antes ou depois de vogal?

_____

d) Em sua opinião, qual foi a ideia de Rodolfo?

_____

_____

_____

3 ESCREVA O NOME DE CADA COR.

a) _____ d) _____

b) _____ e) _____

c) _____ f) _____

4 LEIA AS PALAVRAS DO QUADRO E AS DICAS A SEGUIR. COMPLETE O DIAGRAMA COM AS PALAVRAS ADEQUADAS.

| borboleta | porta | cortar | garfo | árvore | urso |
| formiga | irmão | sorvete | martelo | circo | ~~marmelada~~ |

1. Serve para bater pregos.
2. Bicho que gosta de açúcar.
3. Doce feito de marmelo.
4. Filho da minha mãe é meu...
5. Instrumento que serve para comer, tem dentes e é usado com a faca.

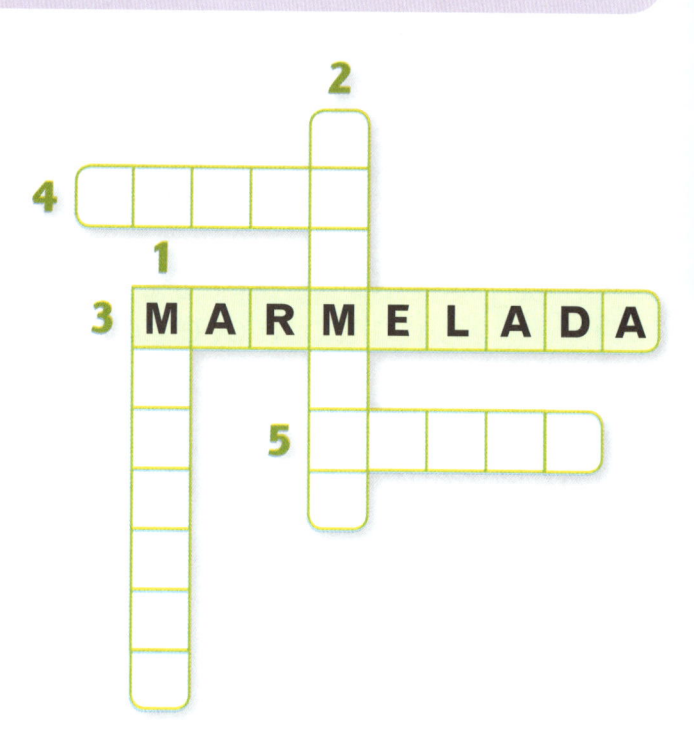

3 **M A R M E L A D A**

LER E ESCREVER PARA...

CONTAR

ESSA É A ILUSTRAÇÃO DE UMA DAS CENAS DA HISTÓRIA QUE O PROFESSOR LERÁ A SEGUIR PARA A TURMA.

RESPONDA ORALMENTE ÀS QUESTÕES DA PRÓXIMA PÁGINA.

1. VOCÊ SABE QUE HISTÓRIA É ESSA?

2. QUEM SÃO OS PERSONAGENS DESSA HISTÓRIA?

3. ONDE ELES ESTÃO?

4. EM SUA OPINIÃO, POR QUE O LOBO ESTÁ COM A LÍNGUA PARA FORA?

5. EM SUA OPINIÃO, OS OUTROS PERSONAGENS ESTÃO VENDO O LOBO? EXPLIQUE SUA RESPOSTA.

6. ESCREVA O TÍTULO DA HISTÓRIA.

PRODUÇÃO DE TEXTO

≫ Novo final de história

1. E SE A HISTÓRIA NÃO TERMINASSE ASSIM? ESCREVA UM NOVO FINAL PARA A HISTÓRIA E ILUSTRE SEU TEXTO.

Antes da produção do texto
- Lembre-se de como e por que a história terminou daquele jeito.
- Pense em um novo final para a história.
- Planeje seu texto antes de escrevê-lo, pensando bem nas ideias que quer transmitir.

Durante a produção do texto
- Vá escrevendo de acordo com o que você planejou, mas pare de vez em quando para ler o que foi escrito e melhorar o que precisar.
- Então volte a escrever e pare novamente um tempo depois.
- Repita isso quantas vezes achar necessário.

Depois da produção do texto
- Leia o texto para o colega ao lado para ele dizer se está bom ou para sugerir alguma mudança.
- Se você concordar com ele, faça a mudança.

CAPÍTULO 17

Es es

ESQUILO
esquilo

DIÁLOGO INICIAL

O esquilo é um comilão
Gosta de comer pinhão

A autora.

① SEGUNDO OS VERSOS, QUEM GOSTA DE COMER PINHÃO?

② OBSERVE:

ES – QUI – LO

A PALAVRA **ESQUILO** É FORMADA POR QUANTAS SÍLABAS?

③ AS SÍLABAS APRESENTAM A MESMA QUANTIDADE DE LETRAS?

④ VOCÊ SABE O QUE OS ESQUILOS COMEM?

LER E ESCREVER PARA...

CONTAR

1 LEIA OS VERSOS:

Camilo, o esquilo,
É muito esquisito.
Esqueceu onde mora...
Sem saber para onde ir,
Aqui, lá ou acolá!?!,
O pequeno esquilo de meio quilo
Pegou um atalho,
Pulou de galho em galho...
Virou à direita,
Virou à esquerda e...
– Xi, não é aqui que moro!
E agora? [...]

Regina Siguemoto. *O esquilo esquisito*. São Paulo: Editora do Brasil, 2008. p. 4, 6 e 8.

2 RESPONDA ÀS PERGUNTAS DE ACORDO COM O QUE É CONTADO NOS VERSOS.

a) Qual é o nome do esquilo?

___

b) Como é o esquilo? Releia o segundo e o sexto versos e copie as palavras que descrevem o personagem.

___

c) O que ele esqueceu?

___

3 RELEIA ESTE VERSO: "Aqui, lá ou acolá!?!".

Agora marque com **X** a frase correta.

a) ◯ Este verso indica que Camilo tem certeza do caminho que deve seguir para chegar em casa.

b) ◯ Este verso indica que Camilo está em dúvida sobre o caminho que deve seguir para chegar em casa.

4 VOLTE AO TEXTO E MARQUE COM **X** OS VERSOS QUE INDICAM O QUE CAMILO FEZ PARA TENTAR CHEGAR EM CASA.

5 PINTE OS VERSOS QUE INDICAM O QUE CAMILO FALA.

ATIVIDADES

1 LIGUE CADA PALAVRA À IMAGEM QUE CORRESPONDE A ELA.

a) esquilo   b) árvore   c) castelo   d) rio   e) ponte

2 LEIA AS PALAVRAS E CIRCULE **AS**, **ES**, **IS**, **OS** E **US**. VEJA O EXEMPLO:

castelo ➡ c**as**telo

pasta	mosca	estojo	disco
busca	escada	espelho	castelo
escola	bosque	casca	espada

3 RELEIA AS PALAVRAS DA ATIVIDADE ANTERIOR E COPIE:

a) uma palavra com sete letras;

_____

b) uma palavra iniciada com vogal;

_____

c) uma palavra iniciada com consoante.

_____

4 LEIA AS PALAVRAS E SEPARE-AS EM SÍLABAS.

a) pote ☐-☐ b) pata ☐-☐ c) gota ☐-☐

5 ESCREVA AS PALAVRAS ANTERIORES COLOCANDO A CONSOANTE **S** NO FINAL DA PRIMEIRA SÍLABA, FORMANDO OUTRAS PALAVRAS.

_____

6 LEIA AS PALAVRAS E DEPOIS FAÇA O QUE SE PEDE.

| escola | |
| esquilo | |

◆ Quais letras devem ser retiradas das palavras **escola** e **esquilo** para formar outros nomes? Circule as letras e escreva os nomes.

7 COMPLETE O DIAGRAMA DE ACORDO COM AS IMAGENS.

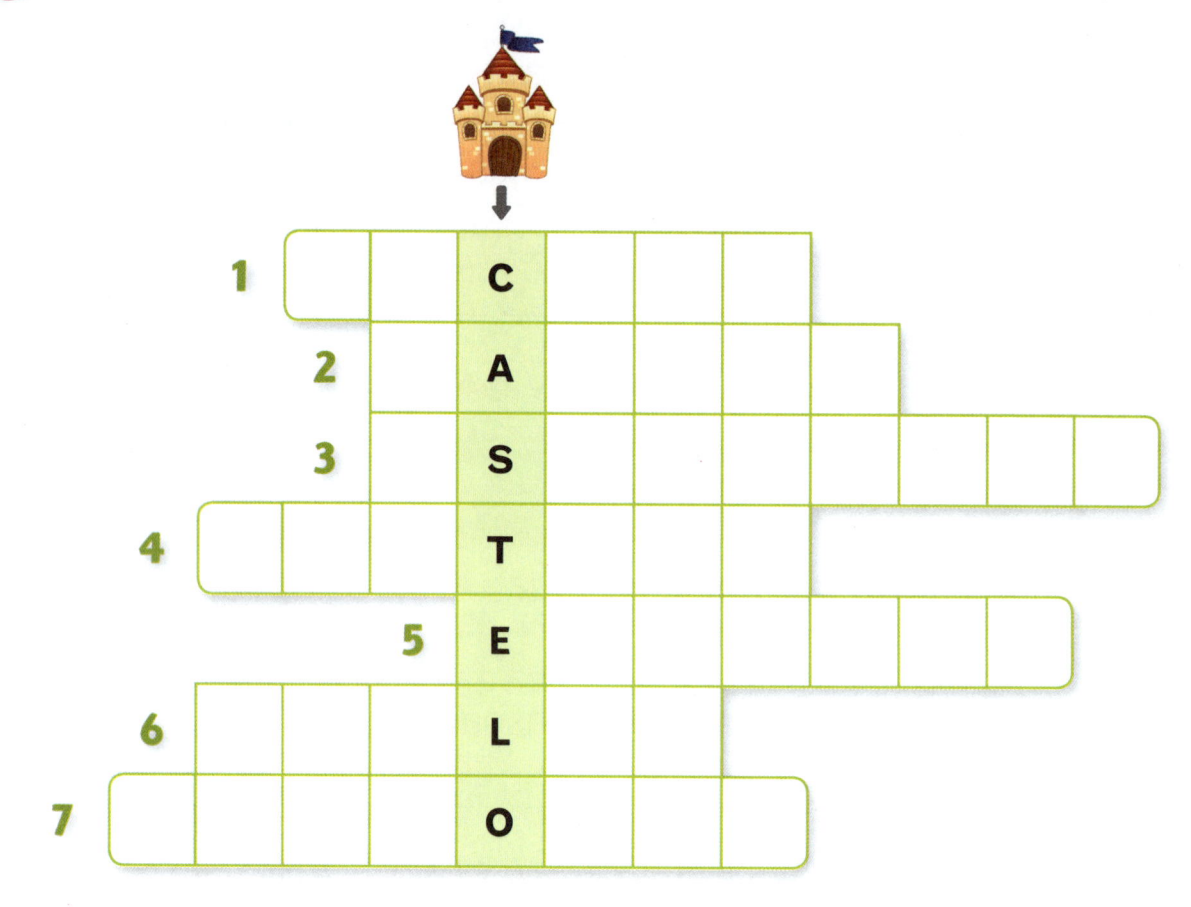

			C			
1			A			
2			S			
3			T			
4			E			
5			L			
6			O			
7						

1. 
3. 
5. 
7. 
2. 
4. 
6.

LER E ESCREVER PARA...
ENTREVISTAR

Entrevista é uma conversação entre duas ou mais pessoas (o entrevistador e o entrevistado), na qual o entrevistador faz perguntas ao entrevistado.

EM UMA ENTREVISTA, É PRECISO HAVER UM **ENTREVISTADOR** E UM **ENTREVISTADO**.

A era do gelo 4: leia a entrevista com o personagem e saiba tudo sobre o filme

O esquilo Scrat e a preguiça Sid conversam com a revista *Recreio*; leia o bate-papo.
Texto: Maria Carolina Cristianini

O esquilo mais louco dos cinemas continua arrumando confusão! Em *A era do gelo 4*, ele provoca a separação da Terra em vários continentes. Tudo por causa de uma noz: a pressão feita por Scrat na tentativa de enterrar a comida numa montanha nevada gera uma imensa rachadura na superfície terrestre.

Ninguém sabe o que pode acontecer com o planeta! E você acha que Scrat ficou preocupado?

Que nada!
Ele mal entendeu o que houve. A gente até conversou com o esquilo para saber mais detalhes dessa maluquice gelada!

Tudo por uma noz!

Para Scrat, perseguir comida é uma obsessão. E ele não desiste, mesmo que o mundo corra o risco de acabar.

Leia a entrevista:

Recreio: é difícil continuar vivendo numa boa sabendo que suas ações causaram uma rachadura na Terra?

Scrat: Do que você está falando? Estou apenas tentando esconder minha noz. Não ponha tanta responsabilidade nas minhas costas.

Recreio: Então, conte para a gente: a noz está a salvo?

Scrat: Defina salvo.

Recreio: Enterrada em um lugar que só você conhece.

Scrat: Não exatamente...

Recreio: Onde a noz está neste momento?

Scrat: Ao alcance das minhas mãos – ou quase isso!

Recreio: Por que é tão difícil segurá-la e mantê-la a salvo?

Scrat: Eu me faço essa pergunta todos os dias. A cada hora do dia. A cada minuto de todas as horas. A cada segundo de todos os minutos!

Recreio: Qual seria a sua resposta se alguém dissesse que seu interesse em nozes está perto da obsessão?

Scrat: Você está dizendo que eu sou louco? Hmmm, nozes... Nozes...

Recreio: O que você aprendeu ao longo dos últimos anos?

Scrat: Que coco não é uma noz gigante. E que se você deixar uma noz assando por um tempo, ela se tornará uma enorme pipoca. Mas é melhor não tentar fazer isso.

[...]

Recreio, ed. 641, p. 11, 21 jun. 201
Crédito: Maria Carolina Cristianini/Abril Comunicações S.

1 RESPONDA ÀS PERGUNTAS MARCANDO **X** NA ALTERNATIVA CORRETA.

a) Quem é o entrevistador?
☐ A repórter da revista *Recreio*.   ☐ O Scrat.

b) Quem é o entrevistado?
☐ A repórter da revista *Recreio*.   ☐ O Scrat.

c) Qual é o assunto da entrevista?
☐ A preocupação do esquilo com sua comida.
☐ As características do esquilo.
☐ O medo que o esquilo tem do gelo.

PRODUÇÃO DE TEXTO

≫ Entrevista

1 QUE TAL ENTREVISTAR SEU PAI, SUA MÃE OU OUTRA PESSOA RESPONSÁVEL POR VOCÊ? ESCOLHA QUEM VOCÊ ENTREVISTARÁ E SIGA O ROTEIRO A SEGUIR.

≫ Roteiro da entrevista

Nome: _____

Idade: _____

Profissão: _____

Lugar onde nasceu: _____

Coisas que gosta de fazer: _____

Coisas que não gosta de fazer: _____

BRINCAR E APRENDER

1 LEVE O ESQUILO ATÉ A TOCA DELE.

REVENDO O QUE VOCÊ APRENDEU

1 OBSERVE CADA IMAGEM, ESCREVA O NOME DO OBJETO REPRESENTADO E SEPARE A PALAVRA EM SÍLABAS.

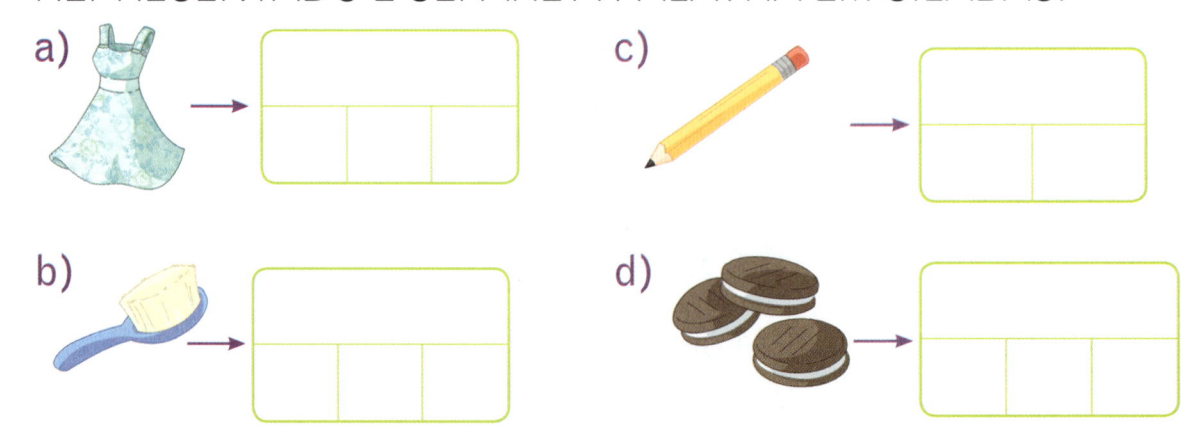

a)

b)

c)

d)

CAPÍTULO 18

UZ uz

AVESTRUZ
avestruz

DIÁLOGO INICIAL

1 LEIA O POEMA.

O avestruz

Avestruz de pernas longas,
Você é muito capaz
De, numa corrida de bichos,
Deixar todo mundo pra trás!

A autora.

2 QUAL É O TÍTULO DO POEMA?

3 NO POEMA É FEITA UMA DESCRIÇÃO: "DE PERNAS LONGAS". QUEM TEM AS PERNAS LONGAS?

4 OBSERVE: AVESTRUZ ➡ A – VES – TRUZ .

SE A ÚLTIMA SÍLABA FOR RETIRADA, QUAL PALAVRA SERÁ FORMADA?

5 AVESTRUZ NÃO RIMA COM...

a) ◯ cuscuz.   c) ◯ voz.   e) ◯ vez.

b) ◯ luz.   d) ◯ aves.   f) ◯ paz.

LER E ESCREVER PARA...

INFORMAR

1 LEIA O TEXTO.

O avestruz é a maior ave do mundo, só que não voa! Veja algumas curiosidades sobre o bicho

[...]

1. O avestruz é a maior ave que existe. Mas ele não voa. Suas asas servem de proteção e ajudam o bicho a se equilibrar quando corre.

2. Existe apenas uma espécie de avestruz. Ela é originária da África. [...] Como é muito resistente e se adapta a vários climas, foi levada para várias partes do mundo, inclusive o Brasil.

[...]

4. O alimento preferido do avestruz é um besouro que tem cor de metal. Por isso, tudo o que brilha chama a atenção dele e pode acabar comendo pregos, relógios e outros objetos por engano.

5. O avestruz também engole areia e pedregulhos. Ele tem dois estômagos. [...]

6. Essa ave é tão gulosa que costuma colocar a cabeça em buracos para procurar mais comida. Ela não faz isso porque é tímida, não.

▶ Cabeça de avestruz.

7. O avestruz é gigante, mas tem a cabeça bem pequena. Tanto que os olhos dessa ave são maiores do que o cérebro. As pernas são musculosas e dão chutes fortes nos inimigos. Os pés têm dois dedos, apenas um deles com unha.

[...]

9. O ovo de avestruz é o maior que existe. Pesa quase 1 quilo e meio e seu tamanho corresponde a 25 ovos de galinha. A casca é tão grossa que é usada por alguns povos para carregar água e comida.

[...]

O avestruz é a maior ave do mundo, só que não voa! Veja 10 curiosidades sobre o bicho. Veja dez curiosidades sobre o avestruz, que se origina da África. *Recreio*, 17 maio 2013.

2 DESENHE EM UMA FOLHA À PARTE O AVESTRUZ USANDO AS INFORMAÇÕES DO TEXTO.

ATIVIDADES

1 LEIA AS PALAVRAS E RISQUE AS QUE TÊM TRÊS LETRAS.

| cartaz | capaz | capuz | chafariz | nariz | rapaz | feroz |
| luz | giz | cuscuz | noz | juiz | Juarez | arroz |

2 ESCREVA AS PALAVRAS ACIMA NA COLUNA QUE LHES CORRESPONDE.

Palavras terminadas com az	Palavras terminadas com ez	Palavras terminadas com iz	Palavras terminadas com oz	Palavras terminadas com uz

3 LEIA AS PALAVRAS E ESCREVA AS QUE FALTAM PARA FORMAR A PARLENDA.

1, 2, _____ com _____.

3, 4, _____ no _____.

5, 6, chegou sua vez.

7, 8, comer _____.

9, 10, comer _____.

Parlenda.

4 OBSERVE AS ILUSTRAÇÕES E ORGANIZE AS SÍLABAS PARA FORMAR O NOME DE CADA UMA. OBSERVE O EXEMPLO.

| riz | cha | paz | ra | na | cus | cuz | fa | riz |

a) b) c)

cuscuz _____ _____ _____

5 REESCREVA COM LETRA CURSIVA A FRASE A SEGUIR.

O avestruz come muitos tipos de alimento.

PRODUÇÃO DE TEXTO

≫ Texto informativo

1 ESCREVA UM TEXTO INFORMATIVO SOBRE O AVESTRUZ USANDO AS INFORMAÇÕES QUE VOCÊ JÁ TEM SOBRE ESSE ANIMAL.

_____
_____
_____
_____
_____

REVENDO O QUE VOCÊ APRENDEU

1 LEIA AS PALAVRAS E ESCREVA CADA UMA NO ESPAÇO ADEQUADO, COMPLETANDO AS FRASES.

> noz casca comestível esquilo desse

O fruto da nogueira chama-se _____, tem _____ dura e lenhosa e, em seu interior, há uma semente _____. O _____ também se alimenta _____ fruto.

2 LEIA AS FRASES QUE VOCÊ FORMOU E MARQUE A AFIRMAÇÃO CORRETA.

a) ◯ As frases podem fazer parte de um texto informativo sobre a noz.

b) ◯ As frases podem fazer parte de um poema porque estão organizadas em estrofes.

3 LEIA AS PALAVRAS E ESCREVA-AS NA INDICAÇÃO ADEQUADA.

> possui   lenhosa   semente

a) Som "sê" representado por **ss**: _____.

b) Som "sê" representado por **s**: _____.

c) Som "zê" representado por **s**: _____.

4 LEIA AS PALAVRAS E CIRCULE AS QUE TÊM ENCONTRO VOCÁLICO.

> fruto   nogueira   possui   interior   encontra-se

5 OBSERVE, A SEGUIR, NAS FRASES QUE VOCÊ FORMOU NA ATIVIDADE 1, AS PALAVRAS **COMESTÍVEL** E **TAMBÉM**.

> […] em seu interior, há uma semente comestível.

a) Nessa frase, qual palavra indica que o fruto pode ser comido? _____

> O esquilo também se alimenta desse fruto.

b) Nessa frase, qual palavra indica que o esquilo come outros alimentos além da noz? _____

6 OBSERVE AS FOTOGRAFIAS. PARA QUAL DELAS AS FRASES QUE VOCÊ FORMOU PODERIAM SER USADAS COMO LEGENDA?

a) ☐

b) ☐

CAPÍTULO 19

BL CL FL GL PL TL
bl cl fl gl pl tl

FLAMINGO
flamingo

DIÁLOGO INICIAL

1 LEIA O POEMA:

O flamingo
O flamingo é uma ave
Que dorme em um só pé!
Sua penugem é cor-de-rosa,
Que ave mais formosa!

A autora.

2 QUAL ANIMAL DORME SÓ EM UM PÉ?

3 OBSERVE:
FLAMINGO ➡ FLA – MIN – GO
- Quais sílabas são formadas por duas consoantes?

4 QUAL SÍLABA TEM DUAS CONSOANTES JUNTAS?

LER E ESCREVER PARA...

SE INFORMAR

1 LEIA O TEXTO.

Você sabia que:

[...]

[Os flamingos] passam um tempão se "penteando" com o bico? Assim espalham no corpo um óleo que impermeabiliza as penas.

[...]

Existem seis espécies desta ave e quatro podem ser encontradas no Brasil?

[...]

Já foi avistada na África uma turma com mais de 1 milhão de flamingos?

▶ Flamingo adulto.

Disponível em: <www.recreio.com.br/licao-de-casa/o-flamingo-nasce-branco-e-fica-rosado-por-causa-do-que-come-saiba-tudo-sobre-a-ave>. Acesso em: jul. 2015.

2 PINTE AS PARTES DA TABELA QUE APRESENTAM AS MESMAS INFORMAÇÕES DO TEXTO.

Nome do animal	macaco	pombo	flamingo
Tipo de animal	peixe	ave	mamífero
Número de espécies encontradas no Brasil	quatro	dez	seis

ATIVIDADES

1 COMPLETE AS PALAVRAS COM **BL**, **CL**, **FL**, **GL**, **PL**, **TL** E LEIA-AS.

a) _____echa   c) _____anta   e) _____obo

b) _____ima   d) _____usa   f) a_____eta

2 LEIA AS PALAVRAS E ESCREVA-AS NA COLUNA ADEQUADA.

diploma	nublado	clube	classe	caboclo
clara	templo	blusa	floresta	bicicleta
flauta	globo	flecha	atleta	biblioteca
glacê	bíblia	flor	atlas	bloco

Palavras com **gl**	Palavras com **pl**	Palavras com **tl**

Palavras com **bl**	Palavras com **cl**	Palavras com **fl**

3 OBSERVE A CENA E LEIA AS PALAVRAS A SEGUIR.
NUMERE O QUE ESTÁ INDICADO NA CENA DE ACORDO COM A LEGENDA.

1 FLAMINGO **3** FLORES **5** BICICLETA
2 PLANTAS **4** PLACA

4 LEIA AS FRASES E REESCREVA-AS SUBSTITUINDO AS ILUSTRAÇÕES PELO NOME DELAS.

a) Flávio toca _____.

_____

b) Clara anda de _____.

_____

c) Algumas aves têm _____.

_____

5 LEIA O TEXTO A SEGUIR:

> O **flamingo possui** corpo **grande**, **plumagem** rosada e **pernas** e **pescoço** compridos.

a) Separe as sílabas das palavras destacadas.

_____ _____

_____ _____

_____ _____

b) Observe as sílabas e escreva a palavra adequada para completar a informação.

Na separação silábica, **fl** e **pl** ficam na _____ sílaba.

c) Marque com **X** a palavra do texto relacionada a **penas**.

BRINCAR E APRENDER

1 ADIVINHE SE PUDER. ESCOLHA UMA OPÇÃO ABAIXO PARA FORMAR A RESPOSTA DAS PERGUNTAS A SEGUIR.

| As gotas de chuva. | A letra **a**. | O botão. | As formigas. |

a) O que há no meio do coração?
_____

b) Quem inventou a fila?
_____

c) O que é que cai em pé e corre deitado?
_____

d) O que é que chega em casa e corre para a janela?
_____

PRODUÇÃO DE TEXTO

≫ Quadrinhas

1 LEIA ESTES VERSOS. ELES FAZEM PARTE DE QUADRINHAS DIFERENTES.

> Canta um galinho faceiro.

> E faz um galo na cabeça.

2 VOCÊ LERÁ A SEGUIR AS QUADRINHAS E DEVE ESCREVER NO ESPAÇO O VERSO QUE FALTA.

3 DEPOIS FAÇA UMA BELA ILUSTRAÇÃO PARA CADA UMA.

Lembre-se de que:
- o verso deve estar relacionado aos outros, para a quadrinha ter sentido;
- deve usar letra maiúscula no começo do verso e ponto final no fim dele.

Galo no terreiro
Toda manhã, bem cedinho,
Lá no meio do terreiro,
Batendo as asas com força,
_____

Galo na testa
Pulando de galho em galho,
Uma garota travessa
Escorrega, cai no chão
_____

Sinval Medina e Renata Bueno. *Manga madura não se costura?* São Paulo: Editora do Brasil, 2012. p. 6-7.

REVENDO O QUE VOCÊ APRENDEU

1 LEIA AS PALAVRAS E FORME OUTRAS PALAVRAS TIRANDO A LETRA **L**.

a)	plano	
b)	flora	
c)	flecha	
d)	clara	
e)	placa	

2 LEIA O TEXTO.

Sabia que paca é um animal? ◯

A paca possui pelagem castanha com listras claras e cauda muito curta ◯. Assim como o esquilo, é um roedor com hábitos noturnos ◯. Geralmente está perto de rios ◯. A palavra **paca** indica a fêmea; o macho é indicado pela palavra **pacuçu** ◯.

a) Numere as partes do texto seguindo a legenda:

  (1) Descrição da paca.
  (2) Comparação da paca com o esquilo.
  (3) Local onde a paca vive.
  (4) O que a palavra **paca** indica.
  (5) Título.

b) Qual parte do texto você achou mais interessante? Copie-a com letra cursiva em seu caderno.

CAPÍTULO 20

CR DR BR FR GR PR TR VR
cr dr br fr gr pr tr vr

TIGRE
tigre

DIÁLOGO INICIAL

1 LEIA O TRAVA-LÍNGUA COM O PROFESSOR E TENTE REPETI-LO SEM ERRAR.

Um tigre, dois tigres, três tigres,
Três tigres adormecidos,
E um outro tigre tigrado acordado.
Num prato de trigo, três tigres tristes comiam.
Um tigre, dois tigres, três tigres.

Trava-língua.

2 A PALAVRA **TIGRE** É FORMADA POR QUANTAS LETRAS?

3 OBSERVE:

TIGRE → TI – GRE

A PALAVRA É FORMADA POR QUANTAS SÍLABAS?

4 EM QUAL SÍLABA HÁ CONSOANTES JUNTAS?

ATIVIDADES

1 OBSERVE A CENA E CIRCULE AS SEIS ILUSTRAÇÕES QUE SÃO INDICADAS POR PALAVRAS COM **CR**, **DR**, **BR**, **FR**, **GR**, **PR**, **TR** OU **VR**.

2 COMPLETE AS PALAVRAS COM **CR**, **DR**, **BR**, **FR**, **GR**, **PR**, **TR** OU **VR** E LEIA-AS.

a) _____ aço

b) _____ agão

c) _____ avo

d) _____ ito

e) _____ ato

f) _____ ade

g) _____ ego

h) _____ er

i) _____ uta

j) _____ ator

k) li _____ o

l) _____ eino

3 LEIA AS PALAVRAS, ESCOLHA A QUE FOR ADEQUADA PARA COMPLETAR CADA FRASE E ESCREVA-A.

fronha	prego	prato
frio	medroso	grilo
fraco	grosso	engraçado

NÃO VALE REPETIR PALAVRAS!

a) Na estante havia um livro _____.

b) Naquela apresentação, o palhaço não estava _____.

c) O _____ canta na mata.

d) Mamãe colocou o doce no _____.

e) Pedro fixou um _____ na parede.

4 OBSERVE AS ILUSTRAÇÕES E AS NOMEIE.

a) _____

b) _____

c) _____

d) _____

e) _____

f) _____

5 LEIA AS PALAVRAS E SEPARE-AS EM SÍLABAS.

a) problema ➡ ☐ – ☐ – ☐

b) bicicleta ➡ ☐ – ☐ – ☐ – ☐

c) flecha ➡ ☐ – ☐

◆ Qual palavra é formada por mais sílabas? Pinte-a.

6 LEIA AS PALAVRAS E FORME OUTRAS TIRANDO A LETRA **R**.

frio		frita	
prato		broto	
traça		trio	
trinta		trem	

LER E ESCREVER PARA...
BRINCAR

1 LEIA O POEMA.

Grilo grilado

O grilo,
Coitado,
Anda grilado,
E eu sei
O que há.

Salta pra aqui,
Salta pra ali.
Cri-cri pra cá,
Cri-cri pra lá.

Elias José. *Um pouco de tudo: de bichos, de gente, de flores.* 12. ed. São Paulo: Paulus, 2007.

2 RESPONDA ÀS QUESTÕES ORALMENTE.
a) Você sabe o que é "grilado"? O que acha que significa?
b) Quem anda grilado? Por quê?
c) Qual é o barulho que o grilo faz?
d) E você, anda grilado com alguma coisa? Conte aos colegas e ao professor.

3 ESCREVA O TÍTULO DO POEMA USANDO LETRA CURSIVA.

_____

4 LEIA O TRAVA-LÍNGUA.

O tatu todo **treloso**
Tirou a **trufa** da **truta**
Trancou o tigre na toca
Travou o **trompete** da traça
O tatu todo tinhoso
Tramou com a **trupe** da praça
A truta, o tigre e a traça
Não acharam a menor graça.

Rosinha. *ABC do trava-língua*. São Paulo: Editora do Brasil, 2012. p. 23.

VOCABULÁRIO

Treloso: travesso, brincalhão.
Trompete: instrumento musical de sopro.
Trufa: tipo de bombom.
Trupe: grupo de artistas.
Truta: espécie de peixe.

5 QUE TAL RECITAR COM TODA A TURMA O TRAVA-LÍNGUA?

REVENDO O QUE VOCÊ APRENDEU

1 COMPLETE O DIAGRAMA DE PALAVRAS DE ACORDO COM AS ILUSTRAÇÕES.

F R U T E I R A

Unidade 1

ATIVIDADES PARA CASA

CAPÍTULO 1

1 OBSERVE O NOME DAS CRIANÇAS E RESPONDA ÀS QUESTÕES.

- MARIANA
- ANA
- PAULO
- YÚRI
- RAQUEL

A) QUAL NOME É ESCRITO COM MAIS LETRAS?

_____

B) QUAL NOME É ESCRITO COM MENOS LETRAS?

_____

2 OBSERVE AS ILUSTRAÇÕES E CIRCULE, NO NOME DE CADA IMAGEM, AS LETRAS DE SEU NOME.

ELEFANTE

CADEIRA

FORMIGA

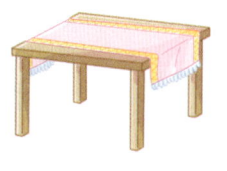

MESA

ATIVIDADES PARA CASA

CAPÍTULO 2

1 MARQUE UM **X** PARA INDICAR O QUE VOCÊ VAI LER, SE QUISER FAZER UMA SOBREMESA.

2 LEMOS UMA NOTÍCIA QUANDO QUEREMOS:

A) ☐ FAZER UM BOLO.

B) ☐ SABER DE UM FATO OCORRIDO NA CIDADE OU NO MUNDO.

C) ☐ SABER AS REGRAS DE UM JOGO.

3 ASSINALE COM UM **X** A PLACA QUE INFORMA: **É PROIBIDO USAR O CELULAR**.

A)   B)   C)

ATIVIDADES PARA CASA

CAPÍTULO 3

1 COMPLETE O TRAÇADO DAS LETRAS COM A PARTE QUE FALTA.

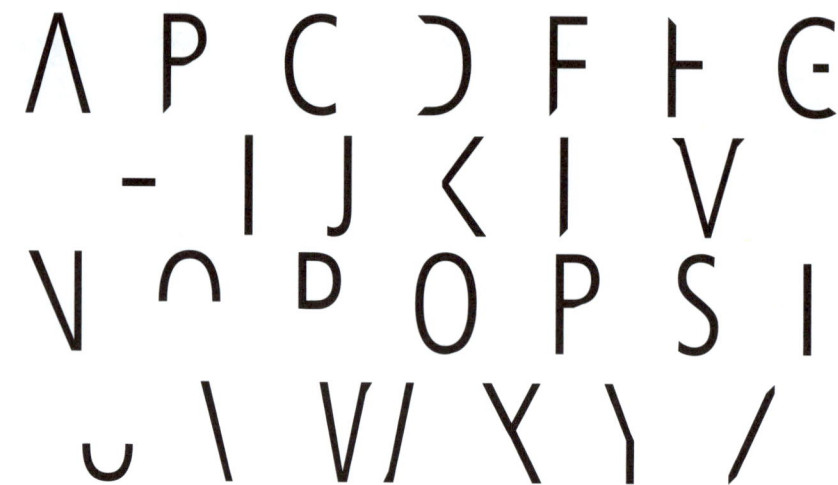

A P C D F H E
– I J K L V
N O P Q R S T
U V W X Y Z

2 QUAIS SÃO AS LETRAS VIZINHAS? ESCREVA AS QUE ESTÃO FALTANDO.

A) | E |
B) | T |
C) | Q |
D) | B |
E) | Y |

F) | N |
G) | H |
H) | K |
I) | W |
J) | C |

ATIVIDADES PARA CASA

CAPÍTULO 4

1) COM QUAL LETRA COMEÇA O NOME DE CADA ILUSTRAÇÃO?

A)

B)

C)

D)

E)

F)

G)

2) COMPLETE A TABELA.

PALAVRA	NÚMERO DE LETRAS	COMEÇA COM A LETRA	TERMINA COM A LETRA
MALA			
CEBOLA			
PIPOCA			

ATIVIDADES PARA CASA

CAPÍTULO 5

1 LEIA A PARLENDA E CIRCULE AS VOGAIS DAS PALAVRAS EM DESTAQUE.

DEDINHOS

DEDO MINDINHO,
SEU VIZINHO,
MAIOR DE TODOS,
FURA-BOLO,
CATA-**PIOLHO**.

Parlenda.

2 JUNTE AS VOGAIS ESCREVENDO-AS COM LETRA CURSIVA E LEIA AS PALAVRAS FORMADAS. VEJA O EXEMPLO.

A) A + I = *ai*

B) E + U =

C) A + U =

D) O + I =

E) E + I =

F) U + I =

ATIVIDADES PARA CASA

CAPÍTULO 6

1 PINTE AS IMAGENS QUE TÊM O NOME TERMINADO EM **ÃO**.

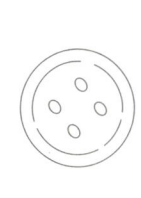

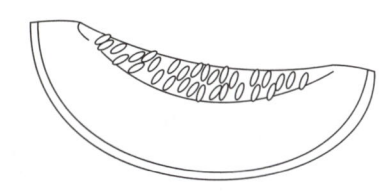

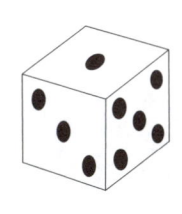

2 COMPLETE AS PALAVRAS COM **ÃO**.

A) LIM_____

B) PI_____

C) AVI_____

D) MAM_____

3 ESCREVA A SÍLABA QUE FALTA E FORME AS PALAVRAS.

A)  _____DIM

B)  _____RATA

C)  CO_____

Unidade 2

ATIVIDADES PARA CASA — CAPÍTULO 1

1) LEIA AS PALAVRAS E PINTE AS QUE SÃO IGUAIS COM A MESMA COR.

PIA	papo
PÉS	pião
PIÃO	papai
PAPO	pia
PAPAI	pés

OBSERVE AS PALAVRAS PINTADAS. ALGUMA TERMINA COM CONSOANTE?

ATIVIDADES PARA CASA — CAPÍTULO 2

1) EM CADA QUADRO, LEIA AS PALAVRAS E CIRCULE AS SÍLABAS QUE NELAS SE REPETEM.

LAMA
MATO

TOMATE
MALA

TOMO
CÔMODO

2) LEIA AS PALAVRAS E CIRCULE AQUELA QUE CORRESPONDE À ILUSTRAÇÃO.

A)

MATA	MOTO

B)

MEIO	MEIA

ATIVIDADES PARA CASA

CAPÍTULO 3

1 OBSERVE AS ILUSTRAÇÕES E LEIA A PALAVRA.

LUVA

RETIRE UMA LETRA DA PALAVRA **LUVA** E FORME A PALAVRA QUE CORRESPONDE À OUTRA ILUSTRAÇÃO.

2 COLOQUE UMA SÍLABA EM CADA QUADRINHO E FORME DUPLAS DE PALAVRAS.

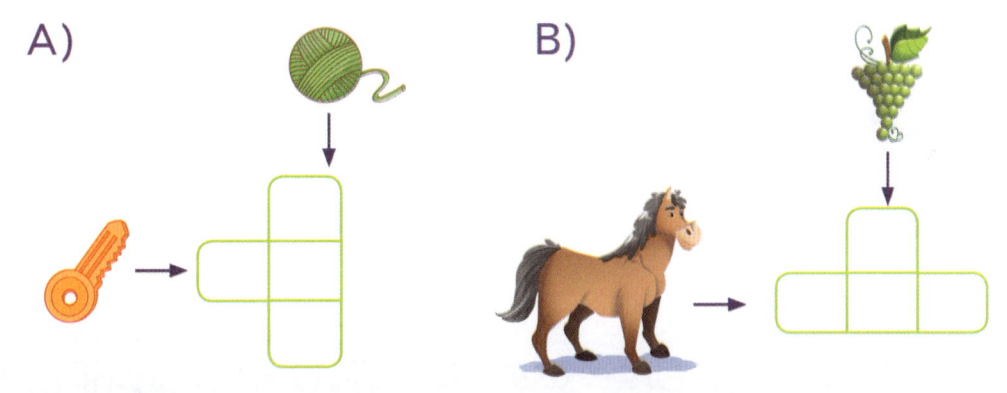

A)

B)

ATIVIDADES PARA CASA

CAPÍTULO 4

1 QUAL LETRA DEVE SER TROCADA NA PALAVRA **DEDO** PARA FORMAR A PALAVRA QUE INDICA A ILUSTRAÇÃO? _____

◆ AGORA ESCREVA A PALAVRA. _____

ATIVIDADES PARA CASA

CAPÍTULO 5

1) COPIE A PALAVRA QUE CORRESPONDE A CADA IMAGEM.

A) NOIVO | NOIVA

B) PIÃO | PÃO

C) MENINO | MENINA

2) ESCREVA A PALAVRA QUE INDICA CADA ILUSTRAÇÃO.

A)

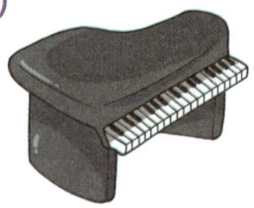

B)

C)

3) LEIA AS PALAVRAS DA PRIMEIRA COLUNA E COMPLETE O QUADRO.

PALAVRAS	SÍLABAS			NÚMERO DE SÍLABAS
NOVE				
MENINO				
GELATINA				
NÓ				

ATIVIDADES PARA CASA

CAPÍTULO 6

1 ENCONTRE AS PALAVRAS IGUAIS, MAS ESCRITAS COM TIPOS DE LETRAS DIFERENTES E PINTE-AS COM A MESMA COR.

RATO	roeu	roda
ROEU	roda	rei
RODA	rei	carro
REI	carro	barriga
CARRO	barriga	rato
BARRIGA	rato	roeu

2 LEIA AS PALAVRAS DE CADA QUADRO E CIRCULE O QUE NELAS É IGUAL.

A)
REI
REMO
REDE

B)
ROEU
ROUPA
RODA

C)
RIU
RIO
RIMA

3 LEIA A PALAVRA DO QUADRO. SE A ÚLTIMA VOGAL FOR TROCADA PELA VOGAL **A**, QUAL PALAVRA VOCÊ FORMA?

RODO _____

ATIVIDADES PARA CASA — CAPÍTULO 7

1 QUAL É O MÊS DO SEU ANIVERSÁRIO?

_____

2 PINTE COM COR CLARA A PALAVRA QUE RIMA COM A PALAVRA QUE CORRESPONDE À ILUSTRAÇÃO.

A)  | TIME | TOMATE |

B)  | ESPANTADA | CANECA |

ATIVIDADES PARA CASA — CAPÍTULO 8

1 ESCREVA A PALAVRA CORRESPONDENTE ÀS ILUSTRAÇÕES.

A) _____

B) _____

C) _____

D) _____

E) _____

F) _____

ATIVIDADES PARA CASA

CAPÍTULO 9

1 COMPLETE O DIAGRAMA COM O NOME DAS IMAGENS.

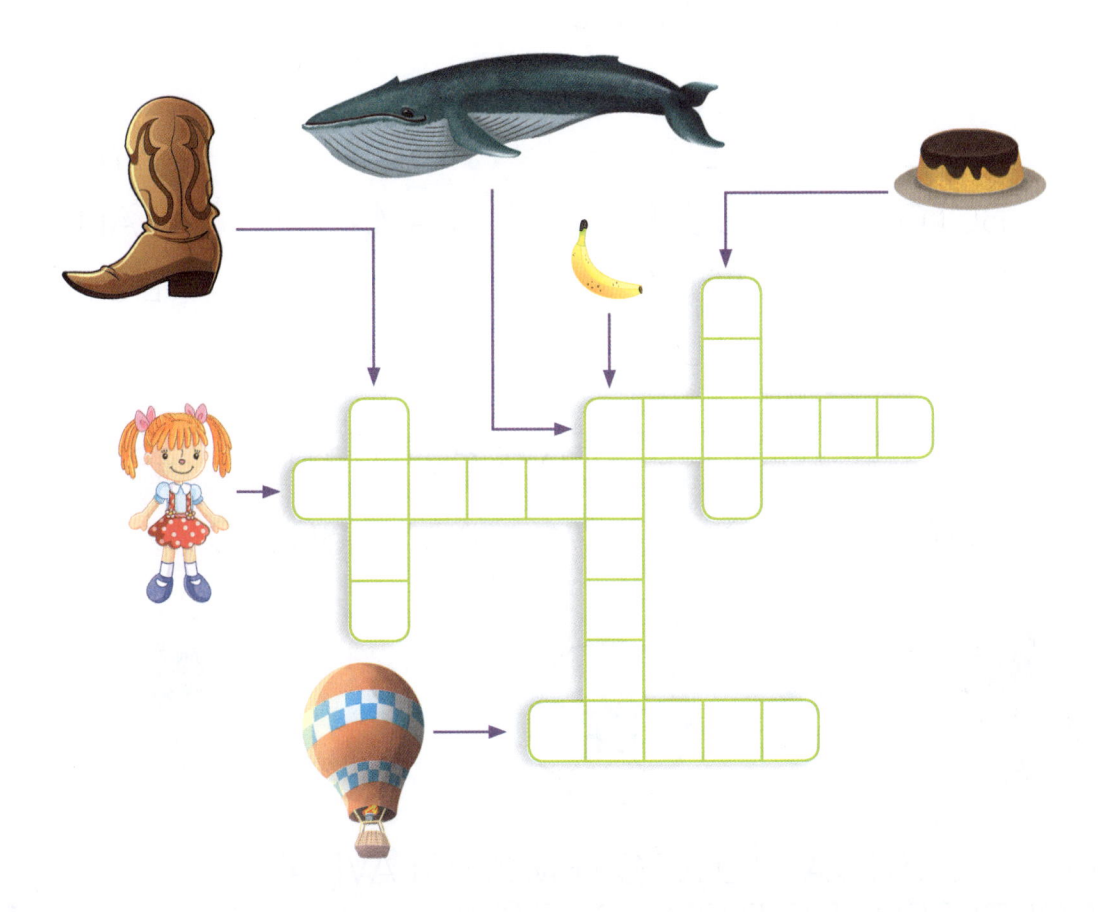

2 ESCREVA AS SÍLABAS QUE ESTÃO FALTANDO E FORME AS PALAVRAS.

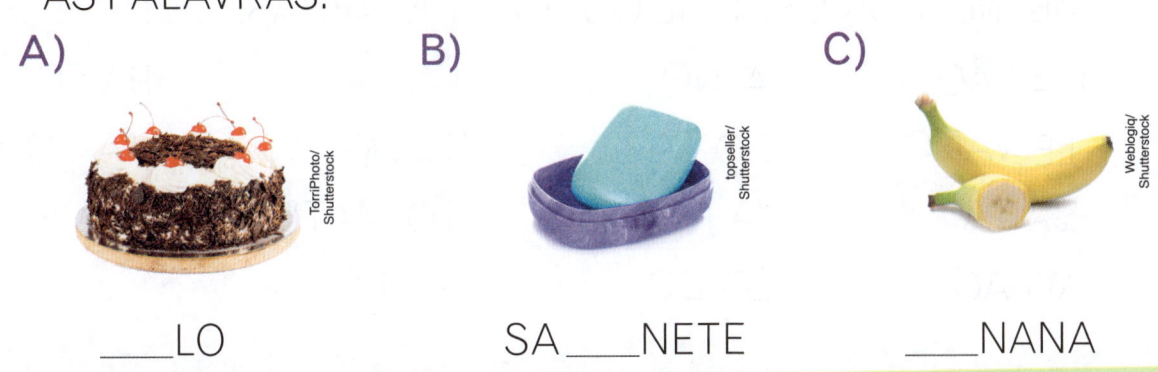

A) ___LO

B) SA___NETE

C) ___NANA

ATIVIDADES PARA CASA

CAPÍTULO 10

1 LEIA AS PALAVRAS DE CADA QUADRO E CIRCULE AS SÍLABAS INICIADAS COM **L**.

A)	B)	C)	D)
LOBO	LEITE	MOLA	LIMA
BOLO	BULE	LAMA	ALI
LODO	LEILA	MALA	LISTA
TOLO	BALEIA	BALADA	LIA

2 LEIA AS PALAVRAS E OBSERVE AS ILUSTRAÇÕES:

BOTA BOLA LATA BOTÃO

QUAL ILUSTRAÇÃO NÃO TEM A PALAVRA CORRESPONDENTE? ESCREVA-A. _____

3 LEIA AS PALAVRAS. DEPOIS ORGANIZE AS SÍLABAS DA MESMA COR E FORME OUTRAS PALAVRAS.

ME LÃO	A NO	LA TA	PA TO
LE VADO	BO TA	DE DO	MA TO
BA TA	VA RA	TO MATE	LU VA
AVI ÃO	LO BO	SA PO	

ATIVIDADES PARA CASA

CAPÍTULO 11

1 OBSERVE AS ILUSTRAÇÕES E PINTE AQUELAS CUJOS NOMES COMEÇAM COM **CA**, **CO** OU **CU**.

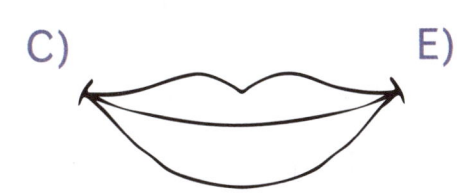

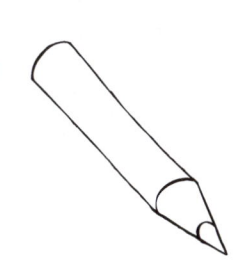

A)

C)

E)

B)

D)

2 ESCOLHA A LETRA QUE DEVE SER ESCRITA PARA FORMAR A PALAVRA.

A) **C** OU **D**   ____OELHO

B) **N** OU **M**   ____ACACO

C) **P** OU **B**   ____OCA

D) **O** OU **A**   C____SA

E) **O** OU **I**   LÁP____S

3 LEIA AS PALAVRAS FORMADAS. EM QUAIS DELAS VOCÊ ESCREVEU UMA VOGAL?

_____

4 NA SÍLABA **SA** DA PALAVRA **CASA**, SE A VOGAL FOR TROCADA POR **O**, O SENTIDO CONTINUA O MESMO?

_____

ATIVIDADES PARA CASA — CAPÍTULO 12

1) ORDENE AS SÍLABAS SEGUINDO A NUMERAÇÃO. FORME PALAVRAS E AS COPIE NOS ESPAÇOS.

A) [3 LA] [1 FI] [2 VE] _____

B) [3 RA] [2 FU] [1 FO] _____

C) [2 CA] [1 FO] _____

D) [2 VO] [1 FA] _____

E) [3 FA] [1 FA] [2 RO] _____

ATIVIDADES PARA CASA — CAPÍTULO 13

1) ENCONTRE NO DIAGRAMA OS NOMES DE FRUTAS DO QUADRO.

JACA	LARANJA	CAJU
JAMBO	CEREJA	JENIPAPO

A	J	E	N	I	P	A	P	O	M	J	O	C	A	J	U
K	I	O	L	G	D	R	Y	T	R	F	D	S	F	A	I
J	A	M	H	O	C	E	R	E	J	A	N	J	C	C	R
L	A	R	A	N	J	A	F	R	A	J	E	N	I	A	I
M	H	Y	T	G	F	R	D	E	S	W	A	B	C	P	L
B	O	I	J	E	L	A	R	A	C	J	O	C	M	A	E
C	E	J	A	M	B	O	A	J	A	C	E	R	A	B	U

2 ESCREVA A SÍLABA QUE FALTA E FORME AS PALAVRAS.

A) _____ PE

C) _____ IZ

E) ESTO _____

B) _____ ANINHA

D) _____ QUETA

ATIVIDADES PARA CASA

CAPÍTULO 14

1 LEIA OS VERSOS A SEGUIR E PINTE O QUADRO EM QUE ELES ESTÃO COPIADOS CORRETAMENTE COM LETRA CURSIVA.

> A GENTE CATA O GATINHO,
> MAS PULGA CUSTA A ACABAR.

A) A gente cata o galinho,
mas pulga custa a acabar.

B) A gente cata o gatinho,
mas pulga custa a acabar.

2 ESCREVA A SÍLABA QUE FALTA. DEPOIS LIGUE A PALAVRA À ILUSTRAÇÃO

A) CAN_____RU

B) _____TA

C) _____RFO

D) BRI_____DEIRO

E) CO_____MELO

F) _____LO

G) _____LINHA

H) _____IABA

3 LEIA AS PALAVRAS, ACRESCENTE AS SÍLABAS INDICADAS NA POSIÇÃO ADEQUADA E FORME OUTRAS.

A) LEME + GU = _____

B) GATA + VE = _____

ATIVIDADES PARA CASA

CAPÍTULO 15

1) LEIA AS PALAVRAS E PINTE DE AMARELO A PALAVRA MAIOR, E DE AZUL A MENOR.

A) AZUL
B) DOZE
C) DIZ
D) ZEBRA
E) ZOOLÓGICO
F) ZERO
G) ZÉLIA
H) DÚZIA
I) ZEBU

2) PINTE AS PALAVRAS IGUAIS COM A MESMA COR.

AZUL	zebra	doze
DOZE	dúzia	azul
ZEBRA	zebu	dúzia
DÚZIA	azul	zebu
ZEBU	doze	zebra

ATIVIDADES PARA CASA

CAPÍTULO 16

1 LEIA AS PALAVRAS:

PEIXE   PEIXINHO   PEIXARIA

A) COPIE A PALAVRA FORMADA COM A SÍLABA:
- XA _____
- XE _____
- XI _____

B) QUAL DAS PALAVRAS A SEGUIR NÃO É DA **FAMÍLIA** DE PEIXE, PEIXINHO E PEIXARIA? CIRCULE-A.
- PEIXES   ◆ PEIXÃO   ◆ PUXÃO

C) MARQUE A FRASE CORRETA COM **X**.
- ☐ NA SÍLABA **PEI** DA PALAVRA PEIXE, HÁ ENCONTRO VOCÁLICO.
- ☐ A PALAVRA PEIXARIA É FORMADA APENAS POR CONSOANTES.

2 OBSERVE AS FOTOGRAFIAS E ESCREVA AS PALAVRAS CORRESPONDENTES USANDO A SÍLABA INDICADA.

A) SÍLABA **XI**   B) SÍLABA **XA**   C) SÍLABA **XO**

_____   _____   _____

ATIVIDADES PARA CASA

CAPÍTULO 17

1 COPIE AS PALAVRAS COLOCANDO **O** OU **A** NA FRENTE DELAS.

A) HORA

B) HOLOFOTE

C) HIPOPÓTAMO

D) HÉLICE

E) HIGIENE

F) HIENA

2 PINTE COM A MESMA COR AS PALAVRAS IGUAIS.

HOJE	humano
HÁLITO	Helena
HUMANO	hálito
HELENA	hoje

3 COPIE AS PALAVRAS ACIMA COM LETRA CURSIVA.

ATIVIDADES PARA CASA — CAPÍTULO 18

1 LEIA A FRASE:

> O ESQUILO, UM ANIMAL DE PORTE PEQUENO A MÉDIO E CAUDA LONGA E MUITO PELUDA, VIVE EM ÁRVORES.

A) A FRASE FORNECE INFORMAÇÕES SOBRE QUAL ANIMAL?

_____

B) CIRCULE NA FRASE AS PALAVRAS COM AS SÍLABAS **QUE** E **QUI**.

C) OBSERVE AS PALAVRAS EM DESTAQUE:

> O ESQUILO, **UM** ANIMAL DE **PORTE** PEQUENO A **MÉDIO** E **CAUDA** LONGA E MUITO PELUDA, **VIVE EM** ÁRVORES.

CIRCULE AS PALAVRAS EM DESTAQUE QUE TERMINAM COM VOGAL E RISQUE AS TERMINADAS COM CONSOANTE.

ATIVIDADES PARA CASA — CAPÍTULO 19

1 ESCREVA AS PALAVRAS EM ORDEM ALFABÉTICA.

| FÁBIO | CAMILA | ANA | KEILA | DAVI | WANDA |

_____

_____

Unidade 3

ATIVIDADES PARA CASA — CAPÍTULO 1

1 LEIA AS PALAVRAS E RETIRE A PRIMEIRA SÍLABA DE CADA UMA PARA FORMAR OUTRAS. ESCREVA AS PALAVRAS FORMADAS.

a) cu - ti - a _____

b) mor - ce - go _____

c) ce - bo - la _____

ATIVIDADES PARA CASA — CAPÍTULO 2

1 ESCREVA AS SÍLABAS **GE** OU **GI** E FORME AS PALAVRAS.

a) _____ ladeira

b) _____ ro

c) _____ biteca

d) ti _____ la

e) _____ mada

f) má _____ co

2 FORME UMA FRASE COM CADA PALAVRA.

a) gelatina _____
_____

b) girafa _____
_____

c) tigela _____
_____

ATIVIDADES PARA CASA

CAPÍTULO 3

1 COPIE A CANTIGA A SEGUIR NO CADERNO. USE A LETRA CURSIVA.

Eu vi uma barata
Na careca do vovô
Assim que ela me viu
Bateu asas e voou.

Cantiga.

2 COPIE AS PALAVRAS DA CANTIGA EM QUE HÁ ENCONTRO VOCÁLICO.

_____

3 OBSERVE AS CENAS E ENCONTRE TRÊS DIFERENÇAS ENTRE ELAS.

ATIVIDADES PARA CASA

CAPÍTULO 4

1 RELEIA A TIRINHA DO INÍCIO DESTE CAPÍTULO:

2 QUEM SÃO OS PERSONAGENS DA HISTÓRIA? CIRCULE AS PALAVRAS QUE OS INDICAM:

cama	Franjinha	Lua
cachorro	janela	mãe

3 OBSERVE OS BALÕES DE FALA DE CADA QUADRINHO:

FRANJINHA! JÁ FALEI PRA VOCÊ... LUGAR DE CACHORRO DORMIR É LÁ FORA!

VOCÊ NÃO ENTENDEU DIREITO!

Quem está falando nos dois balões? Pinte a palavra que indica o personagem.

a) A mãe

b) Franjinha

ATIVIDADES PARA CASA

CAPÍTULO 5

1 LEIA AS PALAVRAS, SEPARE-AS EM SÍLABAS E DEPOIS EM LETRAS.

a) unha
- sílabas ☐ - nh
- letras ☐ ☐ ☐ ☐

b) linho
- sílabas ☐ - nh
- letras ☐ ☐ n h ☐

2 LEIA AS PALAVRAS, RETIRE UMA SÍLABA DE CADA E FORME O NOME DO QUE ESTÁ INDICADO NA ILUSTRAÇÃO.

a) caminhão

b) paninho

_____   _____

3 LIGUE AS PALAVRAS IGUAIS.

a) unha   COZINHA

b) rainha   UNHA

c) cozinha   RAINHA

ATIVIDADES PARA CASA

CAPÍTULO 6

1 OBSERVE AS ILUSTRAÇÕES E ORGANIZE AS SÍLABAS PARA FORMAR A PALAVRA QUE INDICA CADA UMA.

a) te le e fan

b) te pen

_____   _____

2 LEIA AS PALAVRAS E SEPARE-AS EM SÍLABAS.

a) casamento → ▢ – ▢ – n – ▢

b) gente → n – ▢

c) ponteiro → n – ▢ – ▢

d) tampinha → m – ▢ – ▢

e) elegante → ▢ – ▢ – n – ▢

f) tinta → n – ▢

3 RELEIA AS PALAVRAS DA ATIVIDADE 2 E COPIE-AS SEGUINDO AS INDICAÇÕES.

a) Palavras com quatro sílabas

b) Palavras com duas sílabas

ATIVIDADES PARA CASA

CAPÍTULO 7

1 OBSERVE AS ILUSTRAÇÕES E LEIA AS PALAVRAS. DEPOIS COMPLETE O DIAGRAMA.

TAMBOR   PUDIM   ~~BOMBOM~~   BOMBA
POMBO   XAMPU   LÂMPADA

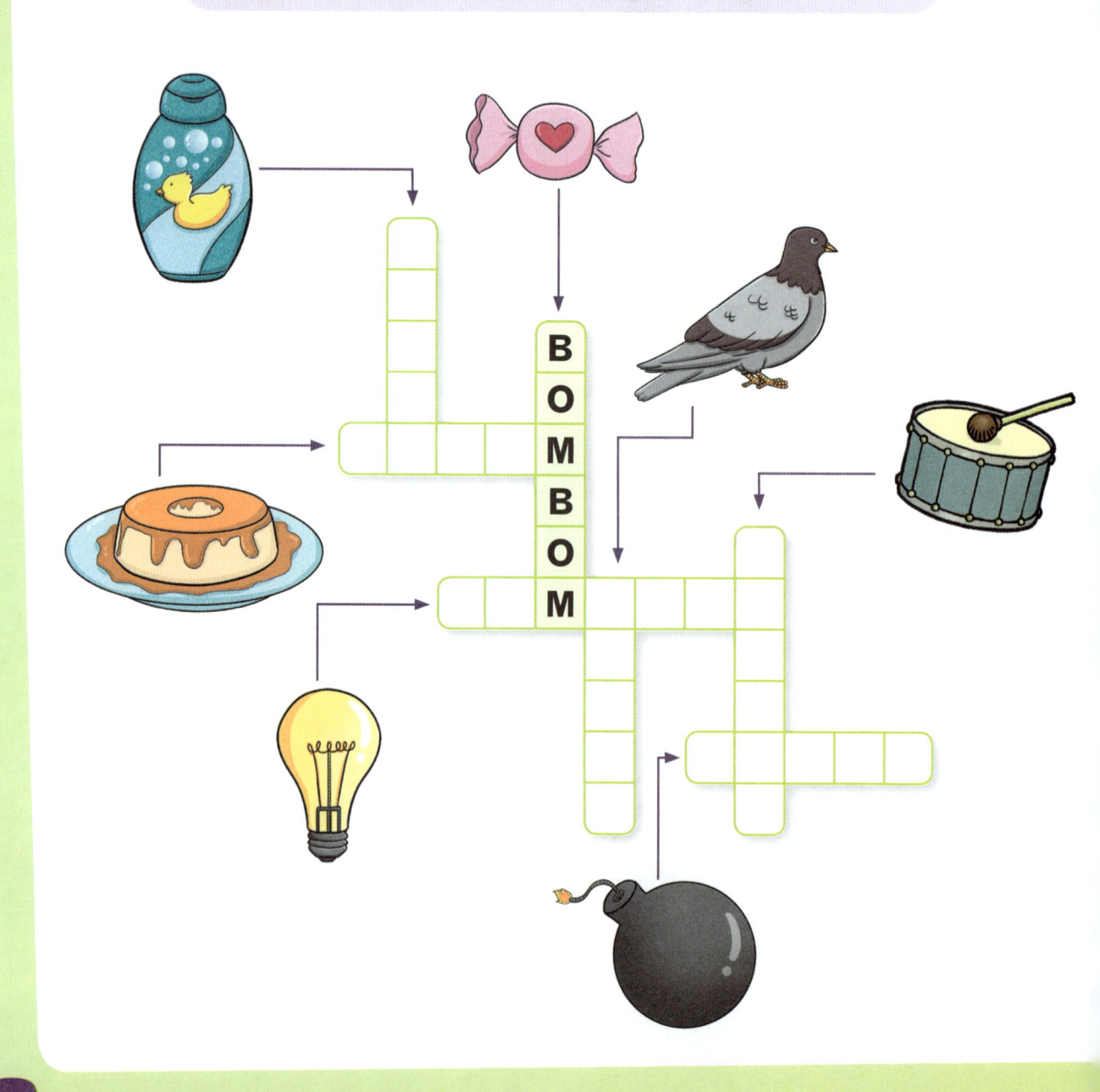

ATIVIDADES PARA CASA

CAPÍTULO 8

1 OBSERVE A CENA E ESCREVA FRASES PARA ELA. ESCREVA PELO MENOS TRÊS FRASES.

2 PINTE COM A MESMA COR AS PALAVRAS IGUAIS.

QUALIDADE	aquário
AQUÁRIO	quase
QUASE	qualidade
AQUARELA	aquarela

3 COPIE AS PALAVRAS DA ATIVIDADE ANTERIOR COM LETRA CURSIVA MINÚSCULA.

ATIVIDADES PARA CASA

CAPÍTULO 9

1 LEIA A PALAVRA E SEPARE-A EM SÍLABAS.

orelha → ☐ - ☐ - ☐

◆ Substitua a sílaba **re** pela sílaba **ve**. Qual é a palavra formada e o que significa?

_____

2 LEIA AS PALAVRAS E PINTE AS IGUAIS DA MESMA COR.

COELHO	malha
MALHA	calha
PIOLHO	coelho
CALHA	piolho

3 REESCREVA AS PALAVRAS DA ATIVIDADE **2** COM LETRA CURSIVA MINÚSCULA.

_____

_____

ATIVIDADES PARA CASA

CAPÍTULO 10

1 LEIA O TEXTO A SEGUIR EM VOZ ALTA SUBSTITUINDO AS IMAGENS PELAS PALAVRAS QUE AS INDICAM.

A [casa] de Leo

Esta é a [casa] de [Leo].

Esta é a [vaca] que mora na [casa] de [Leo].

Este é o capim da [vaca] que mora na [casa] de [Leo]. Esta é a [água] que molha o capim da [vaca] que mora na [casa] de [Leo]. Este é o [rio] de onde vem a [água] que molha o capim da [vaca] que mora na [casa] de [Leo].

Conto popular.

2 ESCREVA COM LETRA CURSIVA O TRECHO A SEGUIR SUBSTITUINDO AS ILUSTRAÇÕES POR PALAVRAS.

Esta é a 🪣 que molha o capim da 🐄 que mora na 🏠 de 👦. Este é o 🏞️ de onde vem a 🪣 que molha o capim da 🐄 que mora na 🏠 de 👦.

ATIVIDADES PARA CASA — CAPÍTULO 11

1 FORME FRASES COM AS PALAVRAS:

A) passeio;
_____

B) assustado.
_____

2 DESMONTE A PALAVRA

vassoura

a) em sílabas

☐ – ☐ – ☐

b) em letras

☐ ☐ ☐ ☐ ☐ ☐ ☐ ☐

ATIVIDADES PARA CASA — CAPÍTULO 12

1 FORME FRASES COM AS PALAVRAS A SEGUIR.

a) girassol
_____

b) avental
_____

c) funil
_____

2 VOCÊ LEU A HISTÓRIA DE UM REI QUE NÃO TINHA ORELHAS. HÁ UMA HISTÓRIA DE UM REI QUE ERA DISTRAÍDO...

Leia o texto.

O rei distraído

Júlio era um rei diferente. Era muito distraído. Todas as manhãs, ele gostava de pedalar sua bicicleta favorita, verde da cor do abacate. E, dia sim e o outro também, esquecia a coroa – assim como esquecia que era rei. [...]

Todos os anos, acontecia no reino um grande torneio: lanceiros, pajens e guerreiros vinham dispostos a ganhar o prêmio de melhor cavaleiro. Era um verdadeiro rebuliço no castelo e nas redondezas. Mas, desta vez, Júlio fica tão animado ao ver o cartaz anunciando o evento que resolve participar.

[...]

Jean-Claude R. Alphen. *O rei distraído*. São Paulo: Companhia das Letrinhas, 2010. Disponível em: <www.companhiadasletras.com.br/detalhe.php?codigo=40585>. Acesso em: jul. 2015.

a) Qual é o nome do rei? _____.

b) O que o rei gostava de fazer? Marque a frase correta.

☐ O rei gostava de pedalar sua bicicleta verde da cor do abacate.

☐ O rei gostava de comer abacate todas as manhãs.

c) Que prêmio o vencedor do torneio ganharia? Faça um **X** na expressão que indica o prêmio:

☐ prêmio de melhor cavaleiro

☐ prêmio de melhor ciclista

3 RELEIA ESTE TRECHO E COPIE AS PALAVRAS ESCRITAS COM **L**:

Era um verdadeiro rebuliço no castelo e nas redondezas. Mas, desta vez, Júlio fica tão animado ao ver o cartaz anunciando o evento que resolve participar.

ATIVIDADES PARA CASA

CAPÍTULO 13

1 COMPLETE O DIAGRAMA DE ACORDO COM AS IMAGENS.

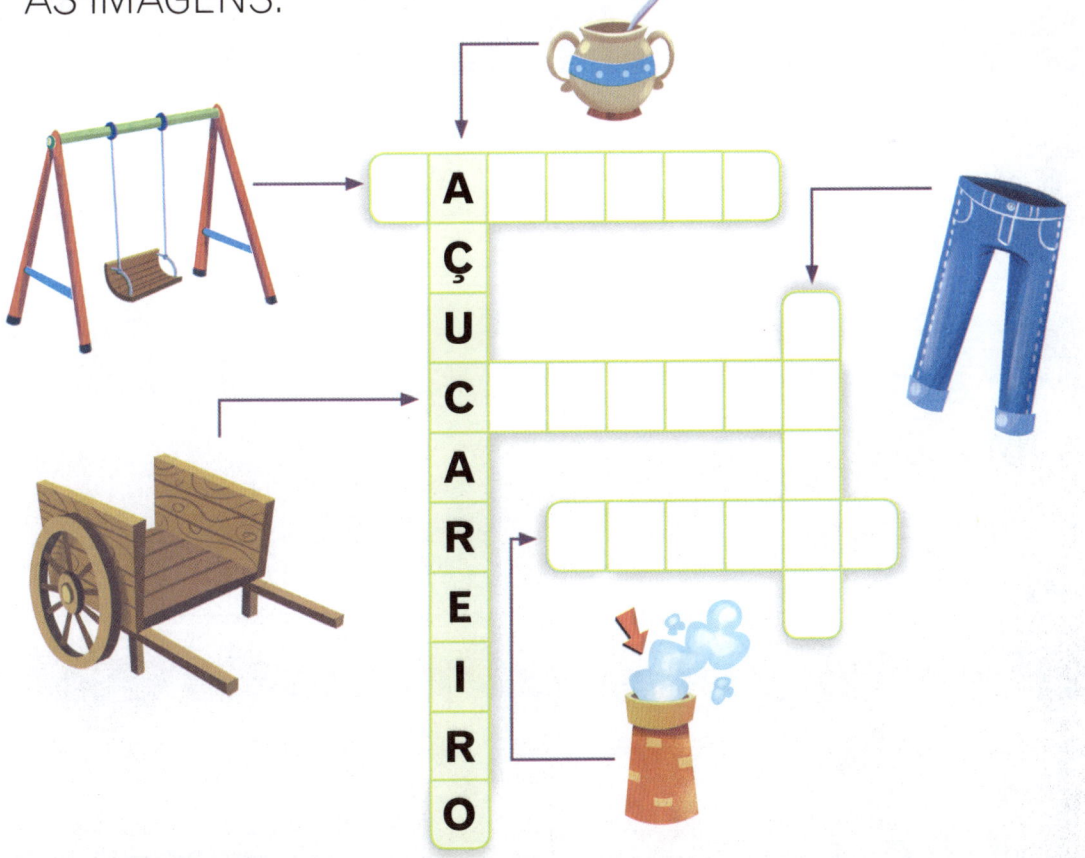

A
Ç
U
C
A
R
E
I
R
O

2 INDIQUE A PALAVRA QUE DÁ NOME À AVE E CRIE UMA LEGENDA PARA A ILUSTRAÇÃO.

_____

_____

3 ESCREVA UMA PALAVRA QUE RIME COM O NOME DO ANIMAL DA RESPOSTA.

_____

_____

ATIVIDADES PARA CASA

CAPÍTULO 14

1 FORME FRASES COM AS PALAVRAS.
   a) foguete

   _____

   _____

   b) águia

   _____

   _____

   c) guitarra

   _____

   _____

2 COMPLETE O DIAGRAMA DE ACORDO COM AS IMAGENS.

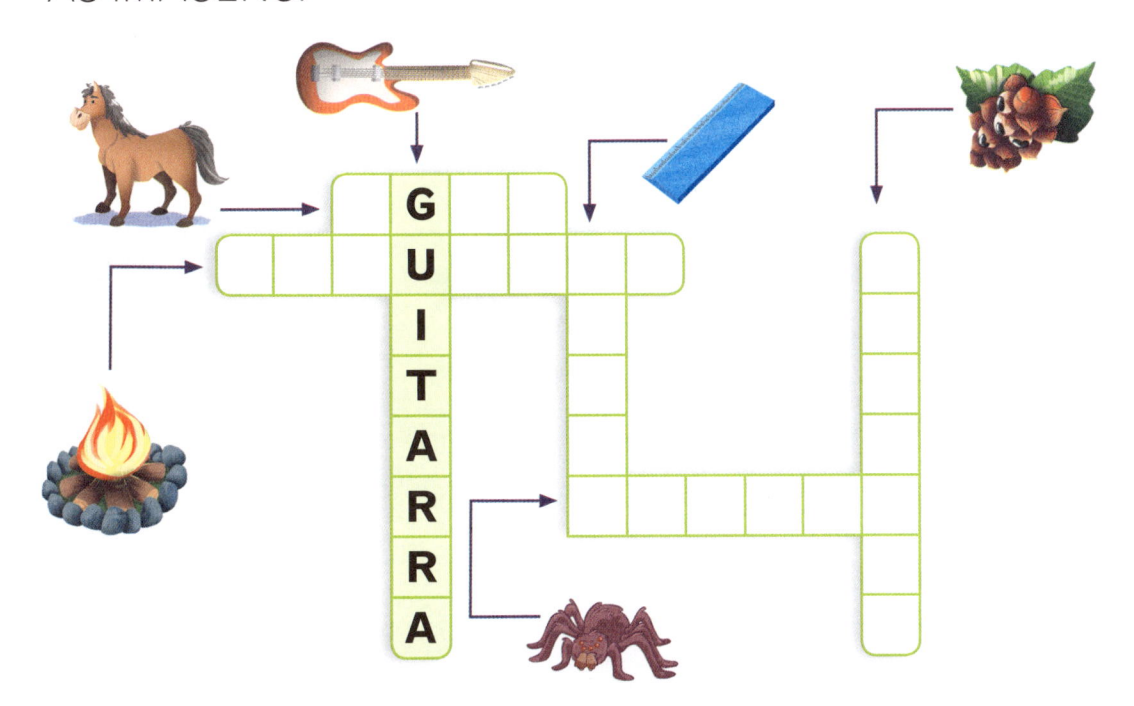

ATIVIDADES PARA CASA

CAPÍTULO 15

1 LEIA AS PALAVRAS E, EM CADA ESPAÇO, ESCREVA A ADEQUADA PARA FORMAR AS FRASES. USE LETRA CURSIVA.

> chuva   chocolate   chá   cheiro

a) O bolo de _____ é gostoso!

b) Gosto de beber _____ gelado.

c) A menina saiu na _____ que caiu cedo.

d) O perfume tinha _____ forte.

ATIVIDADES PARA CASA

CAPÍTULO 16

1) COMPLETE AS PALAVRAS COM **AR**, **ER**, **IR**, **OR**, **UR**.

a) colh_____

c) _____vore

e) _____so

b) g_____fo

d) f_____miga

f) s_____vete

2) ESCOLHA UMA DAS PALAVRAS DA ATIVIDADE ANTERIOR E FAÇA UM DESENHO RELACIONADO A ELA.

ATIVIDADES PARA CASA — CAPÍTULO 17

1 REESCREVA AS FRASES ORGANIZANDO-AS PARA QUE FAÇAM SENTIDO.

a) Talita mochila a escola esqueceu na.

_____

b) olhar de estrelas Estela as gosta para.

_____

c) resto lixo Oscar de biscoito o jogou cesto no de.

_____

ATIVIDADES PARA CASA — CAPÍTULO 18

1 LEIA AS PALAVRAS E SEPARE-AS EM SÍLABAS.

a) chafariz ☐ – ☐ – ☐

b) nariz ☐ – ☐

c) rapaz ☐ – ☐

d) cuscuz ☐ – ☐

e) arroz ☐ – ☐

f) rapidez ☐ – ☐ – ☐

ATIVIDADES PARA CASA — CAPÍTULO 19

1 LEIA A FRASE.

> Antigamente enchiam o travesseiro com plumas para ficar macio.

a) Circule as palavras com consoantes juntas na mesma sílaba.

b) Copie as palavras que iniciam com duas consoantes.

_____

2 LEIA AS EXPLICAÇÕES E MARQUE A QUE CORRESPONDE A **PLUMA**.

a) ☐ Pena de ave, geralmente longa e flexível, também utilizada para enfeitar chapéus e roupas.

b) ☐ Parte do corpo das aves utilizada para locomoção.

ATIVIDADES PARA CASA — CAPÍTULO 20

1 LEIA AS PALAVRAS E ESCREVA A QUE FORMA CADA FRASE.

a) Tomei uma _____ de sorvete. (taça/traça)

b) A _____ roeu o livro. (taça/traça)

c) O _____ não vai parar nesta estação. (tem/trem)

d) O dragão não _____ dentes? (tem/trem)

Encartes

ALFABETO E SÍLABAS MÓVEIS

A	B	C	D	E
F	G	H	I	J
K	L	M	N	O
P	Q	R	S	T
U	V	W	X	Y
Z	a	b	c	d
e	f	g	h	i

j	k	l	m	n
o	p	q	r	s
t	u	v	w	x
y	z	À	Á	Â
Ã	É	Ê	Í	Ó
Ô	Õ	Ú	Ç	à
á	â	ã	é	ê

í	ó	ô	õ	ú
ç	BA	BE	BI	BO
BU	CA	CO	CU	CE
CI	DA	DE	DI	DO
DU	FA	FE	FI	FO
FU	GA	GO	GU	GE
GI	HA	HE	HI	HO

HU	JA	JE	JI	JO
JU	KA	KE	KI	KO
KU	LA	LE	LI	LO
LU	MA	ME	MI	MO
MU	NA	NE	NI	NO
NU	PA	PE	PI	PO
PU	QUA	QUO	QUE	QUI

RA	RE	RI	RO	RU
SA	SE	SI	SO	SU
TA	TE	TI	TO	TU
VA	VE	VI	VO	VU
WA	WE	WI	WO	WU
XA	XE	XI	XO	XU
ZA	ZE	ZI	ZO	ZU

ba	be	bi	bo	bu
ca	co	cu	ce	ci
da	de	di	do	du
fa	fe	fi	fo	fu
ga	go	gu	ge	gi
ha	he	hi	ho	hu
ja	je	ji	jo	ju

ka	ke	ki	ko	ku
la	le	li	lo	lu
ma	me	mi	mo	mu
na	ne	ni	no	nu
pa	pe	pi	po	pu
qua	quo	que	qui	ra
re	ri	ro	ru	sa

se	si	so	su	ta
te	ti	to	tu	va
ve	vi	vo	vu	wa
we	wi	wo	wu	xa
xe	xi	xo	xu	za
ze	zi	zo	zu	a
e	i	o	u	a

MALHA QUADRICULADA